高等继续教育财经专业精品教材系列

财智睿读

运营管理

Operations Management

李　振　主编

中国财经出版传媒集团
经济科学出版社
Economic Science Press

图书在版编目（CIP）数据

运营管理/李振主编.—北京：经济科学出版社，2020.8（2022.8 重印）
高等继续教育财经专业精品教材系列
ISBN 978-7-5218-1821-5

Ⅰ.①运… Ⅱ.①李… Ⅲ.①企业管理-运营管理-成人高等教育-教材 Ⅳ.①F273

中国版本图书馆 CIP 数据核字（2020）第 158488 号

责任编辑：于海汛　陈　晨
责任校对：刘　昕
责任印制：李　鹏　范　艳

运 营 管 理
李　振　主编
经济科学出版社出版、发行　新华书店经销
社址：北京市海淀区阜成路甲 28 号　邮编：100142
总编部电话：010-88191217　发行部电话：010-88191522
网址：www.esp.com.cn
电子邮箱：esp@esp.com.cn
天猫网店：经济科学出版社旗舰店
网址：http://jjkxcbs.tmall.com
北京密兴印刷有限公司印装
787×1092　16 开　13.5 印张　230000 字
2020 年 8 月第 1 版　2022 年 8 月第 2 次印刷
印数：3001—7000 册
ISBN 978-7-5218-1821-5　定价：28.00 元
（图书出现印装问题，本社负责调换。电话：010-88191510）

前　言

党的十八大以来，以习近平同志为核心的党中央坚定不移地实施科教兴国战略和人才强国战略，党的十九大明确提出要“办好继续教育”，为落实这一要求，推动高等继续教育提质增效，内涵式发展，同时也为了适应互联网技术快速发展带来的教育领域教学模式和学习方式的新变化，山东财经大学在原有成人高等教育财经专业精品教材系列的基础上，重新组织编写制作了新的高等继续教育财经专业精品教材系列。

该系列教材的编写制作，在内容上紧扣财经类专业课程设置和教学大纲，科学、系统地涵盖了专业教学的基本内容，适用于经济、管理学科，尤其是经济学、会计学、金融学和工商管理等专业高等继续教育的教学，对指导和帮助学生获取专业基础知识和基本技能具有较强的针对性；在形式上，注重突破传统纸媒局限，将课程内容中的重点、难点等用微课的形式加以呈现，实现教师授课“一扫即现”，知识点讲解深入浅出，满足学生在学习传统网络课程的基础上利用互联网进行移动学习、远程学习、在线学习等信息化学习需求，为学生提供更直观、更便捷的学习方式。

另外，这套教材的作者都是多年从事一线教学的教师，经验丰富，了解学生的学习特点和需求，在篇章安排及体例设计方面融合了国内外相应领域优秀教材的编写方法，每章开头提示“本章要点”，结束进行“本章小结”，前后呼应，并根据章节重点内容设计相应的练习题，对知识点加以巩固，符合学生学习的认知规律。该系列教材在使用范围和地域上，具有广泛的适应性。

《运营管理》是高等继续教育财经专业精品系列教材之一。运营管理一直是全世界企业改进生产率的关键要素之一，也是与市场营销管理、财务管理并列的企业三大职能之一，是企业生存和发展的基础，运营管理是将资金、人力、物料、设备、技术、信息、能源、社会影响力等企业拥有的各种资源，通过系统的整合转化成为具体的产品和服务，从而实现企业价值的过程。运营系统效率的高低会影响并决定着一个企业的竞争力，要想通过运营管理创造竞争优势，首先需要理解运营职能如何能够提高企业的生产率。由于经济全球化进程加快，企业的发展也要适应经济全球化趋势，所以现代运营管理更需要从全球的角度考虑问题。本书从运营管理概论及发展开始，对运营管理进行了简要介绍，可以让学生对运营管理有总体的认识。当前随着社会经济的发展以及全球化的要求，运营管理已经上升到战略管理的高度，如何提升企业的运营管理水平，必须要进行战略规划。现在企业的竞争基本是产品与技术的竞争，如何开发社会和消费者需求的产品是企业生存和发展的基础，产品开发需要控制风险才能使企业不受损失。企业的运营流程、企业的选址规划设施布局也是发展中重要的因素。当今社会，项目管理已经成为企业运营的主要方式，如何在项目管理的思维下进行作业规划，对提升企业的运营水平起到非常关键的作用。本书还着重介绍了供应链管理的相关知识，如库存管理、供应链管理、物流管理内容，质量是企业生存的根本，本书对社会关注的质量问题也进行了介绍。由于篇幅所限，最后介绍了当今流行的几种重要的生存运营模式。

本书按照运营的逻辑顺序进行编排，深入浅出地将运营管理的相关理念与国内外企业的运营管理实践相结合，理论知识与企业案例紧密相连，有助于读者掌握本书的精髓，本书可作为管理类专业的教材，也可作为管理培训参考书。

本书由李振统一规划编写，前言部分及第1~9章由李振编写，第10~12章由赵若冰编写。

由于时间仓促，编者水平有限，书中难免有不足之处，恳请读者批评指正。

编　者

2020年8月

目 录

第 1 章
运营管理概论

本章要点

- ✧ 学习运营管理的概念、目标、内容和作用
- ✧ 理解运营管理是公司三大基本管理职能之一
- ✧ 了解运营系统是分类方法
- ✧ 了解运营管理的发展史
- ✧ 掌握运营管理现状与发展趋势

引导案例

"您有新快件到达，免费存放 16 小时，超出后将收取代存服务费，每超过 16 小时收取您 1 元保管费，请及时取走您的快件（新用户寄件首单减 3 元，请到寄快递首页领取寄件券）。"

你怀着激动的心情，取出了"双 11"在淘宝商城上订购的心仪已久的运动水壶。在回来的路上，你陷入了沉思："这水壶是如何从工厂一步步送过来的？我下单的信息都传递到了哪里？货款从我的手机钱包中支出后是如何进行分配的？……"

（资料来源：笔者编写）

1.1 运营管理概念及发展

在经济全球化和市场竞争日趋激烈的今天，企业如何面对激烈的竞争和复杂变化的外部环境，如何提升运营管理水平，更好地适应

国内及国际市场竞争的需要，已经成为企业生存发展中最为突出的问题。企业运营管理内容主要是要控制质量、成本、时间和灵活性。这是企业竞争力的根本，所以运营管理在企业经营中具有重要的作用。

现代企业的生产经营规模逐渐扩大，产品本身的科技技术和知识密集程度越来越高，产品生产和服务的过程更加复杂，市场需求也逐渐多样化、多变化，全球范围内的竞争日益激烈，这些因素使运营管理本身也在不断发生变化。近年来，随着信息技术飞速的发展，企业运营越来越依赖信息技术，也使运营管理的内容更加丰富，范围更加扩大，体系更加完整，现代企业运营管理主要有以下几个方面的特点：

（1）信息技术已成为运营管理的重要手段。近 30 年来出现的计算机辅助设计（CAD）、计算机辅助制造（CAM）、计算机集成制造系统（CIMS）、物料需求计划（MRP）、制造资源计划（MRPII）以及企业资源计划（ERP）等，并且已经在企业生产运营中得到广泛应用。

（2）运营管理全球化。随着全球经济一体化发展，“全球化运营”已经成为现代企业运营的一个重要趋势，全球化运营也逐渐成为运营管理的一个重要内容。

（3）运营系统的柔性化。在生产管理运营多样化前提下，努力搞好专业化生产管理运营，实现多样化和专业化的有机统一，提高生产管理运营高效率，其中供应链管理成为运营管理的重要内容。

1.1.1 运营管理概念

运营管理概念

1. 运营管理的概念

运营管理（operations management）是企业为社会及消费者提供产品或服务的运营系统进行规划、设计、组织、实施与控制的过程。它涵盖了包括提供产品和服务过程中的计划、组织、实施和控制等一系列活动的各个环节，是与产品生产和服务创造密切相关的各项管理工作的总称。同时，运营管理也是对生产产品和提供服务的系统进行设计、运行、评价和改进的活动。

运营管理的理论和实践不仅在营利组织中应用，在非营利组织中应用也非常广泛，可以帮助非营利组织实现组织目标并提高效率。

2. 运营管理概念的演化

通常把提供有形产品的活动称为制造型生产（production），把提供无形产品的服务活动称为服务型生产（operations）。

随着社会和生产力的不断发展，大量生产要素转移到服务性行业和领域，比如商业、房地产行业、旅游业、交通运输业、金融等，随着服务业的兴起，生产的概念进一步扩展，逐步容纳了非制造的服务业领域，不仅包括有形产品的制造，而且包括无形服务的生产。所以把提供有形产品的生产和提供服务的生产统称为“operations”。

与运营管理相近或类似的概念有生产管理、生产与运作管理、运作/运营管理等，这些名称的变化反映了这一学科的发展过程。

由表1-1可以看出，现代运营的范围表明学科重心从第一产业向第三产业过渡，因此现代运营管理涵盖的范围越来越大，其研究内容也从生产过程的计划、组织与控制，扩大到包括运营战略的制定、运营系统设计以及运营系统运行等多个层次的内容。把运营战略、新产品开发、产品设计、采购供应、生产制造、产品配送直至售后服务看作一个完整的“价值链”，对其进行集成管理。

表1-1　不同组织的概念与内容

概念	内容
生产管理（production management）	主体一般是指产业革命以来的工业企业，制造业是其中的典型代表
生产与运作管理（production and operations management）	表明学科重心从第一产业向第三产业过渡
运作/运营管理（operations management）	主要面对的是服务性企业或行业

虽然运营管理名称的变化体现了时代发展的要求。但是运营管理的本质内涵没有太多变化，本质上还是把投入的企业资源（即生产要素）按照特定要求转换为产出（产品和服务）的过程，本书的各章节以“运营”和“运营管理”来描述这个概念。

3. 运营管理是公司三大基本管理职能之一

一个典型的企业组织由多种职能相互配合来实现其目标。其中运营职能是核心。运营职能旨在实现“输入—转换—输出”过程的增值。这就决定了其核心地位。企业组织的三个基本职能是运营、市场营销和财务管理。此外，还有其他一些辅助职能，如人力资源、公共关系、后勤保障等。企业组织的规划与控制，如选址规划、设施布局、工作设计、质量控制、库存管理、进度安排等都是由运营职能来实现的。企业组织的其他所有活动，如市场营销、财务管理、人力资源、公共关系等都与运营管理活动有直接或间接的联系。

现代管理理论认为，企业管理需要按照职能分工展开，其中最基本的也是最主要的职能是运营管理、市场营销和财务会计。这三项职能既独立又相互依赖，三项职能通过相互依赖和配合才能实现企业的经营目标。企业的经营活动是这三大职能有机联系的一个循环往复的过程，企业为了达到自身的经营目的，这三项职能缺一不可。

1.1.2 运营系统的结构

任何一个企业的运营系统都是一个输入与输出的系统。运营活动是一个“投入—转换—产出”的过程，这是一个劳动过程或价值增值过程。企业投入人力、物力、财力、技术等资源，通过价值转换，最终输出产品或服务，转换过程包括物质转换过程和管理过程，运营系统是一个物质系统和管理系统的组合。表 1－2 说明了不同组织的输入与输出的转换关系。

表 1－2　不同组织的输入与输出关系

组织	主要输入资源	转换	输出
汽车制造厂	钢材、零部件、设备、工具	制造、装配汽车	汽车
学校	学生、教师、教材、教室	传授知识、技能	受过教育的人才
医院	病人、医师、护士、药品、医疗设备	治疗、护理	健康的人
商场	顾客、售货员、商品、库房、货架	吸引顾客、推销产品	顾客的满意
餐厅	顾客、服务员、食品、厨师	提供精美食物	顾客的满意

由表 1－2 可以看出，虽然不同组织的输入与输出的内容与形式不一样，但这些组织都是通过输入需要转换的资源，加上相应的劳动，最后得到预期的产出输入，输出与转换共同构成了运营系统整体，根据以上整理出运营系统的结构图，如图 1－1 所示。

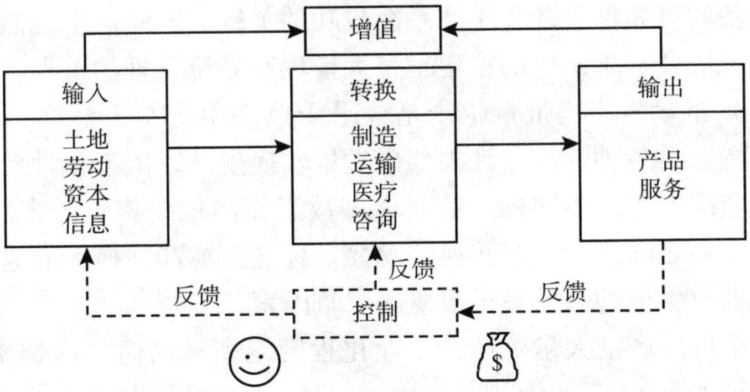

图 1－1 运营系统的结构

资料来源：马风才：《运营管理》，机械工业出版社 2019 年版，第 3 页。

运营系统实现的增值反映了输入与输出之间的差异，增值越多，运营效率越高。对非营利组织输出的价值（例如，红十字会、慈善组织、公共交通、治安与消防）是指其所实现的社会价值。

1.1.3 运营系统的类型

运营系统可以按照不同的分类标准进行划分，而这些分类标准应能反映生产过程的主要特征因素，下面以这些分类标准来讨论运营系统的类型。

运营系统的类型

1. 按照专业化程度分类

按照专业化程度可以分为单件生产、批量生产和大量生产三种类型：

（1）单件生产一般是根据用户的需要来组织生产的，所以产品设计能力、工艺装备完善情况、员工的工艺操作水平、部门之间的协调与配合等因素决定了单件生产的生产系统效率。

单件生产的特点是产品的品种繁多，每一种产品仅生产一台（件）或少数几台（件），单件生产的稳定性和专业化程度很低，单件生产类型一般采用通用设备和工艺装备。

（2）大量生产，也称重复制造，特点是生产的产品批量很大，重复生产一种或少数几种标准化的产品，生产条件稳定，专业化程度较高。一般采用流水生产或生产线等生产组织形式，自动化程度很高，劳动效率高，单件成本低。手机装配线就是典型的大量生产。

大量生产的劳动组织相对比较简单，相对来说缺乏柔性，个性化程度较低。因为大量生产是采用自动化的设备与密集型的生产工艺，保证设备的可靠性是此种生产系统成功的关键。同时成本控制、物资供应的保证和员工队伍的稳定也是大量生产系统管理的重点。

(3) 批量生产。批量生产是介乎于单件生产与大量生产的一种模式，特点是各种产品在计划期内批量轮换生产，由于在批量生产是同一生产线上生产不同的产品，大多数工作岗位要担负较多的工序，在不同产品之间进行工艺转换的需要，称之为换产，换产的速度与成本对于批量生产的公司是很重要的竞争因素。

从单件生产到大量生产，专业化程度越来越高但柔性越来越小，具体比较如表 1 – 3 所示。

表 1 – 3　　单件生产、大量生产、批量生产的特征比较

分类	特征		
	单件生产	大量生产	批量生产
产品种类	很多而不固定	少且固定	较多
生产设备	大多采用通用设备	大多采用专用设备	两种设备均有
产品定制化程度	高	很低	较低
生产周期	长	短	较长
对劳动定额的要求	比较粗略	精细	有粗有细
生产控制	较难	易	难
生产柔性	高	低	一般
劳动组织	复杂	简单	较复杂
适应品种变化的能力	好	差	较好
单件成本	高	低	中等
生产效率	低	高	中等

2. 按照生产工艺特征分类

以产品的生产工艺为划分标准，可以把企业运营系统分为流程生产型运营系统和加工装配型运营系统。

(1) 流程生产型的特征是产品的生产过程是连续的、不中断的，产品的加工顺序是固定不变的，工序之间没有在制品储存，劳动对象按照固定不变的生产工艺流程连续不断地通过一系列设备和装置，被加工成最终产品。石油化工加工、造纸等是流程生产型的典型代表。

(2) 加工装配型也叫离散生产或间断生产，它的产品是由许多零部件组成的，工序之间要求有一定的在制品库存，各零件的加工过程是彼此独立的，所以整个产品的生产工艺是离散的，制成的零件再通过装配形成最终的产品。电子设备制造、机械制造行业的生产系统都属于此种类型。

3. 按照接受生产任务的方式分类

按照接受生产任务的不同，可以分为存货型生产和订货型生产两种。

（1）存货型生产是在对市场需要量进行预测的基础上，有计划地进行备货式生产。这种生产系统的管理比较方便，有利于系统的改进以及提高生产效率，可以防止库存积压和脱销。运营管理的重点是抓供、产、销之间的衔接，按“量”组织生产过程各环节之间的平衡，保证全面完成计划任务。一般比较适合产品是有一定市场销路以及稳定的销量等情况。

（2）订货型生产依据用户订单，根据用户提出的各种关于产品的要求，包括性能、参数和数量等，经过协商确定出价格和交货期等要素组织设计和生产。订货型生产品种与数量波动较大，而且需要经常调整生产计划，导致生产组织的复杂性增加以及管理活动的难度加大。

存货型生产与订货型生产的特征比较，如表1－4所示。

表1－4　　存货型生产与订货型生产的特征比较

特征	分类	
	存货型生产	订货型生产
产品特征	需求稳定可预测	需求波动大难以预测
产品价格	生产企业事先确定	订货时双方协商
交货能力	快速	较慢
人员技能要求	专业化	多能化
设备	多采用专用高效设备	多采用通用设备
生产组织	按照预测组织生产	按照订单组织生产
生产类型	大量生产	单件生产
市场适应能力	较弱	灵活

资料来源：吴志奇：《运营管理》，中国人民大学出版社2016年版，第7页。

1.2 运营管理的作用

1.2.1 运营管理的目标

运营管理的目标就是向顾客提供具有适当质量的产品和服务，是通过成本、质量、时间等实现的。

随着现代企业的生产经营规模不断扩大，产品的技术和知识密集程度不断提高，产品的生产和服务过程日趋复杂，市场需求日益多样化，竞争日益激烈，运营管理本身也在不断变化。信息技术的发展使运营管理学科研究的内容更加丰富，范围更加扩大，体系更加完整，运营管理在企业管理中的地位日益增强。

1.2.2 运营管理的内容

运营管理的内容主要有运营系统设计、运营系统运行和运营系统优化三个方面。

1. 运营系统设计

运营系统设计具体包括产品和服务设计、生产能力的规划、生产运营技术的选择、生产运营流程的设计、企业选址与设施布置以及工作设计等内容。

2. 运营系统运行

建立运营系统后，接下来进入运营系统运行，主要包括不同层次的生产运营计划的编制、作业排序与调度、库存管理、供应链管理和质量控制等内容。

3. 运营系统优化

运营系统的设计和运行不可能一次完善，必然会在运行过程中不断优化完善。运营系统的优化主要包括质量管理、精益化管理实施、运营管理新技术的使用和运营管理理念的更新等。

1.2.3　运营管理的作用

1. 运营管理是公司三大基本管理职能之一

运营管理、市场营销和财务会计构成了公司的三大基本管理职能，运营管理在企业中起着非常重要的作用。

2. 运营管理是企业创造产品和服务价值的主要环节

从人类社会经济发展的角度来看，工业生产直接决定了人们衣食住行的方式，也影响着农业等其他产业以及工业自身技术装备的能力。另外，与工业生产密切相关的金融业、房地产业、运输业、技术服务业等服务行业在现代生活中所占的比重越来越大。因此无论是制造业的生产过程还是服务业的服务过程，都属于运营管理的范畴，是企业创造价值的主要环节。

3. 运营管理的水平是决定企业竞争力的主要因素

企业通常选择一个或几个运营目标来满足顾客对产品和服务的需求，超越竞争对手的一个或几个运营目标的完成，都能够折射出企业运营管理的水准，从而决定企业的竞争力。

1.3　运营管理的发展历史

运营管理的
发展历史

运营管理的发展经历了萌芽时期、科学管理运动时期、大量生产时期、精益生产时期和大规模定制时期等几个发展阶段。

1.3.1　萌芽时期（1776～1880 年）

1776 年，英国人亚当·斯密第一次提出了劳动分工的观点，全面系统地阐述了劳动分工对提高劳动生产率和增进国民财富的巨大作用。1832 年，英国人查尔斯·巴贝奇进一步发展了斯密关于劳动分工的理论。1798 年，美国人埃里·惠特尼在履行为美国政府生产 10 000 支步枪的合同时，将枪支零部件以标准件的形式生产，提高了生产效率和枪支质量，通过零部件的标准化生产，提高了枪支零部件的互换性，首创标准化和质量控制来推广零部件互换的概念。

1.3.2　科学管理运动时期（1880～1910 年）

科学管理运动的创始人弗雷德里克·泰勒在工厂中研究企业管理 20 多年，进行了一系列试验，泰勒和他同时代的大师一起创立了科学管理理论，他本人也被誉为“科学管理之父”。

1911 年，泰勒出版了《科学管理原理》一书，彻底否定了当时“放任管理”式的企业管理组织和方法，泰勒认为在一切管理问题上都能够而且应该有科学方法，他的主张可以概括为以下四点：

（1）收集、分析、整理企业所有经验数据，以发展科学的方法。

（2）对工人进行严格挑选和培训，以发挥其最大能力。

（3）在工人和管理人员之间培养合作精神，以保证工人按科学方法完成任务。

（4）在工人和管理人员之间进行明确、适当的分工，以保证管理任务的完成。

与泰勒同时代对科学管理运动有贡献的人物还有亨利·甘特，以他的名字命名的甘特图至今还是制定工作计划的重要工具之一。弗兰克·吉尔布雷斯和莉莲·吉尔布雷斯夫妇，用电影摄影机记录了很多产业工人工作的场景，通过动作研究以期提高员工的工作效率，在员工选择、生产、计划、动作研究以及现在流行的人类工效学领域做出了巨大贡献，至今仍是生产运营管理科学的基础。

1.3.3　大量生产时期（1910～1980 年）

这个时期是运营管理发展历史中的重要时期，诞生了流水生产线的生产方式，质量管理、数据模型决策、项目管理、系统工程等理论，计算机网络技术也在这个时期的末期开始进入公司运营领域。

1. 流水生产线的诞生

美国汽车大王亨利·福特改变了汽车的生产方式，他把流水生产线引入汽车生产过程中。福特 T 型车在 1908 年 9 月问世，当时靠传统的手工生产方式，生产一辆车耗时 514 分钟，成本为 850 美元。福特从屠宰厂肉类加工方法中获得巨大灵感，发明流水生产线并引入到汽车生产装配中，对汽车生产效率产生了革命性的影响。福特公司引入流水生产线后，到 1926 年每辆福特 T 型车的生产只耗时 1.19 分钟，成本降至 290 美元。汽车流水生产线极大地提高了生产效率，这是科学管理和劳动分工原理在工业生产中成功应用的范例。

2. 质量管理成为运营管理的焦点之一

生产管理在20世纪30年代取得了两个重要发展：一是1931年美国的沃尔特·休哈特出版了《工业产品质量的经济控制》一书，运用概率论和数理统计学原理创立了控制图，用于生产过程中的产品质量控制，并把质量控制列为运营管理的一项重要内容；另一个是1934年英国的蒂皮特进行了工作抽样理论的研究，首先把统计抽样方法用于工时调查。

第二次世界大战后，美国人朱兰、戴明和费根鲍姆等提出了全面质量管理的概念。1961年，费根鲍姆出版了《全面质量管理》一书，系统地提出了全面质量管理的概念，认为全面质量管理是把企业内各部门研制质量、维持质量和提高质量的活动构成一个整体，形成有效的质量管理体系。

3. 数据模型决策的引入

20世纪40年代至60年代是数据模型决策大发展的时期，生产管理广泛应用数学统计方法于合理配料、搭配产品品种、任务分配、决定产品加工顺序、平衡流水线上的工序、控制库存、配送物资、组织企业内部的物资流程、研究设备更新等方面，使生产管理中的大量复杂问题得到正确处理和解决，充分展示了运营管理科学性的一面。

4. 项目管理理论和技术的应用

1957年，美国杜邦化学公司发明了关键路线法（CPM），1958年，美国海军武器规划局在研制北极星导弹系统时，创立了计划评审技术（PERT）。这两种技术在实际运营管理中作用巨大，项目管理利用网络计划技术找出影响全局的关键活动和关键路线，以便对工程项目进行统筹安排，在优化项目工期、成木、资源利用等方面可以起到重要作用。网络计划技术特别适用于项目管理工作，如大型科研和新产品试制项目、设备大修、大型建筑工程项目等。

5. 系统工程理论的应用

从20世纪60年代起，系统工程原理在运营管理中广泛应用。以系统的观点进行观察、思考、分析和解决问题，把企业运营过程中投入的各种要素及其活动作为一个整体系统进行合理的组织和控制，系统原理有助于加强公司运营的综合和协调，保证了复杂任务如期完成，以达到总体效果最优的目的。

6. 计算机网络技术的应用

自20世纪70年代起，随着计算机技术的应用，物料需求计划（MRP）、制造资源计划（MRP Ⅱ）和企业资源计划（ERP）等概念相继诞生。计算机网络技术可以将一个结构复杂的产品的全部零部件统一管理起来，并将企业生产作业计划和库存采购计划等功能集成，从管理理念上跳出传统企业的边界，从供应链范围去优化企业的资源，这是基于网络经济的新一代信息系统，计算机网络技术对于改善企业业务流程，提高企业核心竞争力作用巨大。

1.3.4 精益生产时期（1980～1995 年）

1950 年，丰田公司的领导人丰田英二和大野耐一等人考察了美国底特律的福特公司轿车厂。当时这个厂每个月能生产 9 000 辆轿车，比日本丰田公司一年的产量还要多。但丰田公司的领导人认为“福特的生产体制还有改进的可能”。经过一系列的探索和实验，根据日本的国情，提出了解决问题的方法。经过 30 多年的努力，终于形成了完整的丰田生产方式，使日本的汽车工业超过了美国，年产量达到 1300 万辆，占世界汽车总产量的 30% 以上。

丰田生产方式是第二次世界大战后日本汽车工业遭受“资源稀缺”和“多品种、少批量”市场制约的产物，它是通过几代丰田人的共同努力，直到 20 世纪 70 年代才逐步完善形成的生产方式，这种生产方式也称为准时化生产（JIT）。20 世纪 90 年代，美国专家对丰田生产方式进行深入分析，提出了精益生产（lean production）的概念。

丰田生产方式的指导思想是通过生产过程整体优化，改进技术，理顺物流，杜绝超量生产，消除无效劳动与浪费，有效利用资源，降低成本，改善质量，实现用最少的投入实现最大产出的目的。

日本企业在国际市场上的成功，引起西方企业界的浓厚兴趣。20 世纪 90 年代美国政府资助美国麻省理工学院，组织 17 个国家的专家学者，花费 5 年时间，耗资 500 万美元，以大批量生产方式和精益生产方式的典型汽车工业为例，经理论化后总结出精益生产的概念。

精益生产是一种追求库存达到极小的生产系统，它能够快速应对市场的变化，要求企业的内部活动和外部的市场需求和谐统一，强调把员工的智慧和创造力视为企业的宝贵财富和未来发展的原动力等。

精益生产方式的优越性体现在生产制造系统、产品开发、协作配套、营销网络以及经营管理等各个方面，它是当前工业界一种最佳的生产组织体系和方式，精益生产不但是制造业追求的生产方式，同时也适用于服务领域。

1.3.5 大规模定制时期（1995 年至今）

1970 年美国未来学家阿尔文·托夫勒在《未来的冲击》一书中提出了一种全新生产方式的设想：以类似于标准化和大规模生产的成本和时间，提供满足客户特定需求的产品和服务。1987 年，斯坦·戴维斯在《完美未来》中首次将这种生产方式称为大规模定制。

随着全球经济一体化趋势逐步加深，企业产品的生命周期不断缩短，互联网技术、电子商务蓬勃发展，顾客追求个性化的需求越来越大，以顾客为中心的竞争也变得越来越激烈。传统的大规模生产方式已经难以适应新环境下市场变化和竞争，大规模定制生产方式将取代大规模生产方式，成为 21 世纪主流的生产模式。

大规模定制是在高效率的大规模生产的基础上，通过产品结构和制造过程的重组，运用现代信息技术、新材料技术、柔性技术等一系列高新技术，以大规模生产的成本和速度，为单个顾客或小批量多品种市场定制任意数量产品的一种生产模式。其特点表现在以下几个方面：

1. 以顾客需求为导向

大规模定制是企业以客户提出的个性化需求为生产的起点，因而大规模定制是一种需求拉动型的生产模式。

2. 基础是产品模块化、零部件标准化和通用化

大规模定制是通过产品结构和制造过程的重组将定制产品的生产转化为批量生产。通过产品结构的模块化设计、零部件的标准化，可以批量生产模块和零部件，减少定制产品中的定制部分，从而大大缩短产品的交货提前期和减少产品的定制成本，同时拥有定制和大规模生产的优势。

3. 依赖于现代信息技术和先进制造系统

大规模定制必须对客户的需求做出快速反应，现代信息技术能够在各制造单元中快速传递需求信息，柔性制造系统及时对定制信息做出反应，二者高效配合才能实现产品的大规模定制生产。

4. 供应链合作是关键

在定制经济中，企业与企业之间的竞争关系已经转变成企业所在的供应链之间的竞争。企业必须与供应商建立起密切合作的关系，才能完成大规模定制的实施。

1.4 运营管理面临的形势及发展趋势

运营管理面临的形势表现在技术发展变化快，买方市场增大企业的运营难度，电子商务对传统商业模式形成冲击，企业之间竞争加剧对运营管理提出更高要求，这些外部环境将对公司的运营管理层面产生深远的影响。

1.4.1 运营管理面临的形势

1. 新技术快速发展促使运营系统的调整

自动化技术、计算机技术、新材料技术、网络技术等新技术的使用改变了人们的生产生活方式，新技术的快速发展给企业提供了更先进的运营手段，为提供更具竞争力的产品和更多样化的服务奠定了物质基础。同时客观上要求企业必须面对新技术的使用做出选择以及对现有运营系统进行再设计。

2. 买方市场增大运营难度

随着经济的不断发展，不同种类的产品和服务多已形成买方市场格局，顾客对产品和服务的需求日趋个性化和多样化，单一品种的大批量生产模式已无法适应当前的市场要求，因此多品种小批量、缩短产品生产周期以及加速产品更新换代成为企业运营管理层面的主要追求。

3. 电子商务影响长远

电子商务发展已经成为一种新兴的商业模式，不断缩小传统商业模式的生存空间，对传统商业模式产生深刻持久的影响。企业运营管理工作要面对的是如何进行电子商务化。

4. 经济全球化的需要

进入 21 世纪，各国经济在生产、分配、交换和消费环节的全球趋同趋势前所未有的加强，各国企业间的竞争激烈程度不断加剧。

与此同时，随着买方市场的扩大，本国企业间竞争的方式和类型越来越多，竞争越来越残酷。因此公司运营管理更加重视成本、质量、交货期、顾客需求快速响应等有效指标。

1.4.2　运营管理发展趋势

运营管理发展趋势表现在绿色制造成为运营管理关注的焦点，制造业和服务业融合程度加深，工业 4.0 成为引领运营管理发展的新概念。

1. 绿色制造

绿色制造是一个综合考虑环境影响和资源利用效率的现代制造模式，其目标是使产品从设计、制造、包装、运输、使用到报废处理的整个产品生命周期中对环境的影响最小，资源利用率最高。

绿色制造涉及资源的优化利用、清洁生产和废弃物的最少及综合利用。企业在制定和完善生产运营计划的时候必须要考虑到环境问题，在提高产品和服务质量的同时保护生态环境。

2. 制造业与服务业融合

制造业的服务化趋势已经显现并逐渐深化，生产性服务正在兴起。服务型制造正在成为制造业的发展方向。一次性的硬件设备销售模式渐渐成为历史，取而代之的是生产商依靠建立在硬件设备销售基础上的长期售后服务以获取更多收益，这是制造业新的利润增长点，而且比单纯的一次性硬件设备销售更有利于生产商获取长期稳定的利润来源。同时生产商通过售后服务绑定，排斥同业竞争，有利于生产商获取竞争优势。

3. "工业 4.0"

2013 年 4 月，德国政府提出"工业 4.0"的概念，未来制造业的商业模式是以解决顾客问题为主。企业不但进行硬件设备的生产和销售，而且通过提供售后服务和其他后续服务，以获取更多的附加价值，制造业和服务业不断融合发展。带有信息功能的系统将成为硬件产品新的核心，意味着个性化需求、批量定制制造将成为潮流。制造业企业要在制造过程中尽可能多地增加产品附加价值，拓展更多、更丰富的服务内容，提出更好、更完善的解决方案，以满足消费者的个性化需求，走软性制造加个性化定制的道路。

"工业 4.0"被誉为第四次工业革命。第一次工业革命肇始于 18 世纪 60 年代蒸汽机的改良和应用，标志着工业社会步入"蒸汽时代"，19 世纪下半叶发生的第二次工业革命开创了工业社会的"电气时代"，第三次工业革命则是第二次世界大战以后因为计算机的发明以及随后几十年 ICT（即信息（information）、通信（communication）和技术（technology）三个英文单词的首字母组合）的快速发展而开启了“信息时代”。

“工业 4.0”包括以下三大主题：

一是“智能工厂”，重点研究智能化生产系统及过程，以及网络化分布式生产设施的实现。

二是“智能生产”，主要涉及整个企业的生产物流管理、人机互动以及 3D 技术在工业生产过程中的应用等。该计划特别注重吸引中小企业参与，力图使中小企业成为新一代智能化生产技术的使用者和受益者，同时也成为先进工业生产技术的创造者和供应者。

三是“智能物流”，主要通过信息和物联网整合物流资源，充分发挥现有物流资源供应方的效率，使得需求方能够快速获得服务匹配和物流支持。

传感器是“工业 4.0”时代的核心组件，传感器通过将物理信息转换为标准信号，反馈到信息物理系统，是未来“工业 4.0”时代的核心基础技术。①

本章小结

本章为本书的开篇之章，首先阐述运营管理在企业管理中的职能，运营系统的结构和类型，讨论运营管理的目标、内容和作用，回顾了运营管理发展的历史，描述了对运营管理有贡献的主要历史人物等，最后对运营管理面临的形势及发展趋势做出了评估和判断。

本章关键术语

运营管理、单件生产、大量生产、批量生产、流程生产型、加工装配型、存货型生产、订货型生产、工业 4.0。

复习与思考

1. 运营管理重要性有哪些？
2. 运营系统是如何分类的？
3. 运营管理发展趋势是怎么样的？

① 吴志奇：《运营管理》，中国人民大学出版社 2016 年版，第 15 页。

第2章 运营战略

本章要点

- ✧ 学习运营战略的概念、目标、内容和作用
- ✧ 理解战略金字塔的构成
- ✧ 掌握波特五力模型、SWOT分析、波士顿矩阵、平衡计分卡等
- ✧ 了解如何培育企业竞争力

引导案例

香港一家餐饮公司在内地开设有茶餐厅，随着规模的不断增加，公司需要更为准确地定位其使命、价值观与愿景，并制定相应的发展战略。同时，需要对发展战略进行分解，制定出包括运营战略在内的各个职能战略，再把各个职能战略细化为策略和实施方案。

经过公司上下反复讨论，公司的使命最终确定为：打造健康美食新生活。这个使命明确了公司的定位，让前来就餐的顾客找到家一般的感觉：吃得健康、安全，吃得美味、舒心。显而易见，“健康美食”是这家餐饮公司使命的核心元素。

根据这一使命，该公司确立了“让您吃得放心，吃出健康”的价值观。该公司在顾客健康与自身利益之间把顾客的饮食健康放在了第一位，明确了公司的价值主张，传承了“健康美食”这一核心元素。

进一步，公司规划出这样的愿景：“致力于成为茶餐连锁第一家。”这一愿景就包含了可观测的目标，即成为第一。同时，要想争取第一的位置，必须在健康、美食上有所作为。

所以，争取第一就包括了对“健康美食”的追求。

为了达到愿景，兑现其价值观，并最终实现其使命，该公司制定了发展战略，即“以香港小吃原文化为依托，以膳食质量风险管控为根基，在内地开设家一般的连锁经营茶餐厅。”该发展战略明确了该餐饮公司的发展方向，即面向内地茶餐市场；发展目标，即连锁经营；发展能力，即香港小吃原文化及膳食质量风险管理。同时，包含了“健康美食”的元素，起到了承上启下的作用。

发展战略需要由各个职能战略来支撑。例如，该公司制定了如下的运营战略：“面向内地茶餐市场，管控从田间到餐桌的膳食供应与制作的所有质量风险点，用最安全、最健康、最具香港味道的茶餐装点家一般的餐厅。”这一运营战略所蕴含的“质量风险管控”“安全”“健康”“家”等，全方位地承接了战略金字塔上面四个层级中所包括的“健康美食”这一核心元素。

任一职能战略都需要细化为与之对应的策略或布局。这里制定了三大策略：茶餐文化与香港味道茶餐手工艺传承；果蔬、牛奶、禽类等基本食材供应基地建设；与关键食材供应商建立战略合作关系。

从这三个策略中很容易找到与运营战略相对应的“美食”“健康”等要素，自然形成了对运营战略的支撑。

最后，如何传承茶餐文化与香港味道手工艺？在哪里建设果蔬、牛奶、禽类等基本食材供应基地？与哪些关键供应商建立战略合作关系？这些问题需要的是一个个可以落地的方案，即需要给出有明确目标、预算、建设周期的项目。

该公司给出了以下三个方案：

①启动港式餐饮学院项目建设；

②在两广地区建设若干农商联盟的果蔬种植和奶牛、禽类养殖基地；

③与肉类（如双汇）和食用油（如金龙鱼）食材供应商建立战略合作关系。

至此，就形成了该餐饮公司的战略金字塔，特别是“健康美食”这一核心元素在战略金字塔的各个层级都得到了体现。

（资料来源：马风才：《运营管理》，机械工业出版社 2019 年版，第 21 页）

进入 21 世纪后，环境的变化使得企业很难保持长期的竞争优势，企业只有不断修改自己的对策才能应对环境的变化，这些应试对策的逐步积累就形成了战略。企业战略一般是在不断总结失败教训后得到的。

从组织使命、组织价值观和组织愿景到组织发展战略和运营战略，再到具体的策略与方案，不仅是组织使命、价值观和愿景的实现过程，同时也是识别和培育企业核心竞争力的过程。

常用的战略制定工具主要有波特五力模型、SWOT 分析、波士顿矩阵、平衡计分卡等。

2.1　运营战略

运营战略管理

运营战略是企业运营管理中最重要的一部分，运营战略是指在企业经营战略的总体框架下，如何通过运营管理活动来支持和完成企业的总体战略目标。

随着外界环境的变化，运营战略在企业运营中的作用和意义变得越来越重要，已经成为企业运营管理目标乃至更大的组织目标规划过程的重要部分，现代企业已经从战略的高度考虑运营管理问题。

运营战略涉及对运营管理过程和运营生产管理的基本问题所做出的根本性谋划。运营战略的目的是为了支持和完成企业的总体战略目标服务的。运营战略的研究对象是生产管理运营过程和生产管理运营系统的基本问题，包括产品选择、工厂选址、设施布置、生产管理运营的组织形式、竞争优势要素等。运营战略的性质是对上述基本问题进行根本性谋划，包括生产管理运营过程和生产管理运营系统的长远目标、发展方向和重点、基本行动方针、基本步骤等一系列指导思想和决策原则。运营战略主要解决在运营管理职能领域内如何支持和配合企业在市场中获得竞争优势。

运营战略一般分为两大类：一类是结构性战略——包括设施选址、运营能力、纵向集成和流程选择等长期的战略决策问题；另一类是基础性战略——包括劳动力的数量和技能水平、产品的质量问题、生产管理计划和控制以及企业的组织结构等时间跨度相对较短的决策问题。

运营战略是以最有效地利用企业的关键资源，以支持企业的长期竞争战略以及企业的总体战略的一项长期的战略规划，因此，运营战略涉及面通常非常广泛，主要的一些长期结构性战略问题包括：

（1）需要建造多大生产能力的设施。

(2) 建在哪里。

(3) 什么时候建造。

(4) 需要哪种类型的工艺流程来生产管理产品。

(5) 需要什么类型的服务流程来提供服务。

企业的运营战略是由企业的竞争优势要素构建的。竞争优势要素包括：低成本、高质量、快速交货、柔性和服务，企业的核心能力必须要与竞争优势要素协调一致。

2.1.1 组织的使命、价值观与愿景

1. 组织的使命

使命是组织存在的原因和基础。不管是营利性组织，还是非营利性组织，都要明确其使命。使命因组织而异，取决于组织的性质。准确地定位组织的使命并不是一件容易的事情，需要经过组织上下反复讨论才能确定。

确立使命要达到以下几个基本要求。

(1) 站位要高。要体现组织的社会责任。

(2) 呈现行业性。要让人一眼就能看出该组织的核心业务。

(3) 简洁明了。要让全体员工、客户和社会易懂易记。

2. 组织价值观

价值观是指组织所坚持和奉行的基本信念和准则。企业价值观是组织对其经营理念所做出的选择，是组织成员对组织是非观的一致判断。

第一，组织应在充分考虑其所处行业及价值主张的基础上确立其价值观，体现区别于其他组织的个性化。不能把空洞无物、“放之四海而皆准”的口号作为价值观。

第二，组织在确立价值观时应上下反复论证，取得全体员工或至少绝大多数员工的认同。

第三，组织的价值观一旦确立下来，就应保持其稳定性，不能因为最高管理者的更迭而随意改变。

价值观与使命的关系：使命决定价值观，价值观服从于使命。使命回答了组织存在的意义，体现了组织的社会责任；价值观明确了组织的行为伦理，描述了组织运营的规则。

3. 组织愿景

每个组织都应明确自身的愿景，组织愿景是对组织未来的一种期望和描绘，要包含明确的目标，即组织为了实现使命而制定的中长期

指标。目标可能是未来一定时期内要形成的组织规模方面的，也可能是组织定位方面的，目标需要量化。

愿景与价值观既有区别又有联系。价值观是对组织经营理念的定位，是组织成员对组织是非观的判断。愿景是对组织未来的一种期盼。愿景与价值观的联系在于愿景的实现必须依靠价值观的实践。同时，正是通过逐步接近包含了可测评目标的愿景，才能把组织的价值观体现出来。

2.1.2 发展战略与运营战略

1. 发展战略

发展战略是根据组织的内部条件和所处外部环境的现状与发展趋势，就组织的发展方向、发展目标、发展重点及发展能力做出的全局性、长远性、纲领性的谋划。

发展战略的制定过程一般遵循顶层设计、上下结合的原则。首先，高层决策者要对整个形势做出判断，提出总体思路和总体方向，然后交给各个业务部门展开讨论。经过反复磨合，形成简明扼要的发展战略。比起愿景中所表述的目标，发展战略中所确定的目标更为具体。例如，山东大学的愿景中确定的目标是成为世界一流的大学，那么发展战略所确定的目标就应该明确未来主要学科在世界同类大学中的具体位置。

发展战略与愿景、价值观、使命的关系可概括为：通过实施所制定的发展战略来达到所确定的愿景，实践价值观，进而实现组织的使命。

2. 运营战略

运营战略就是在使命、价值观、愿景、发展战略的引领下，对目标市场的定位、价值的主张、核心能力的培养、产品和服务的提供等所做出的中长期谋划。研发战略、区域布局战路、能力战略、质量战略、供应链战略等都是运营战略。运营战略属于职能战略，职能战略是对组织相应的职能或业务做出的中长期谋划。

运营战略与发展战略的关系可以概括为：发展战略用于指导运营战略与其他职能战略的制定，而运营战略与其他职能战略一起对发展战略起支撑作用。显然，运营战略比发展战略的跨度更短一些，但所确定的内容更为具体。根据这个关系，尽管各个职能或业务都不相同，但所形成的职能战略都要指向发展战略，都要有利于发展战略的实施。

组织制定并实施运营战略，就是要通过运营管理提升组织的竞争力。运营战略实施的效果最终体现在质量（quality）、成本（cost）或准时交货率（dead line）等指标的改善上。

2.1.3 策略与方案

1. 策略

策略就是与某一职能战略相对应的手段、模式或方法，是对职能战略的细化与落实。运营策略则是针对某一运营战略而形成的运营模式。

例如，某汽车公司为实现其“产品差异化”的运营战略，可以考虑以下运营策略。

（1）汽车系列化。规划若干汽车系列，而且同一系列有不同的配置。

（2）服务功能差异化。汽车所承载的功能有差异，而且实现同一功能的配置也有差异。

（3）设计与制作流程差异化。使用不同的配件，或利用同样的配件，采取更具差异化的设计与制造流程。

运营策略与运营战略的关系可概括为：运营战略为运营策略提供指导，运营策略确定了运营战略的实施模式、路线图或方法。

2. 方案

方案就是根据某一策略确定的手段、模式或方法而采取的具体行动。方案与策略的关系可概括为：策略是基础和指导，方案是对策略的具体实施。根据这一关系，到方案这一层级，应该是有明确目标、预算、时限的项目。

2.1.4 战略金字塔

战略金字塔

可以看到，从使命、价值观和愿景到发展战略和职能战略，再到策略和方案，构成了一个层级关系，这里称为“战略金字塔”，如图 2-1 所示。

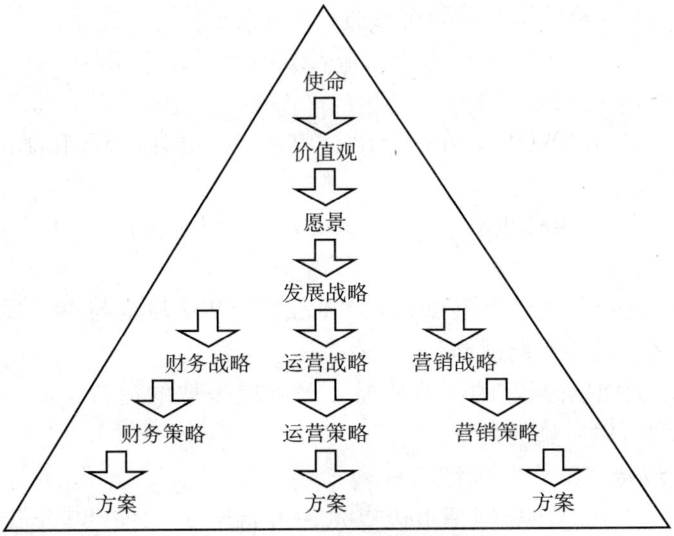

图 2－1 战略金字塔

资料来源：马风才：《运营管理》，机械工业出版社 2019 年版，第 19 页。

这一层级关系由上到下是细化和落实过程；由下而上则是保证和支持过程。

在组织内部，有各种职能战略，比较重要的是对应于财务职能、运营职能和营销职能的财务战略、运营战略和营销战略。

不同职能战略之间是互相联系的，在制定研发战略时要充分考虑市场战略的定位；同样在调整市场战略时，也要考虑业已形成的研发战略。

2.1.5 运营战略的制定工具

1. SWOT 分析

SWOT 分析是基于企业内部条件和外部环境分析的一种战略管理方法。首先，以运营部门为主导对内部条件进行分析评估，哪些是自身的优势（strength），哪些是自身的劣势（weakness），做到知己知彼，扬长避短；然后，以营销部门为主导，分析企业所处的外部运营环境可能给本企业带来的机会（opportunity）和造成的威胁（threat）；最后，根据内部条件和外部环境的分析结果制定相应的运营战略。

在进行 SWOT 分析时，外部环境分析是关键的，其主要内容包括：新的市场潜力；消费者需求不断变化；外部环境变化；技术发展进步；竞争对手的活动。

SWOT 分析的基本步骤主要有：

（1）在分析内部条件和外部环境的基础上，给出 S、W 和 O、T 两个维度四个方面的清单。

（2）绘制 SWOT 矩阵，给出有效的 SO 组合、ST 组合、WO 组合、WT 组合。

（3）根据四种组合，制定 SO 战略、ST 战略、WO 战略、WT 战略。

（4）以 SO 战略为重点，对 SR 战略、WO 战略与 WT 战略综合考虑，制定最终运营战略。

（5）根据所制定的运营战略，确立应采取的运营策略，并进一步落实到可以实施的方案。

2. 波特“五力”模型

波特“五力”模型是由迈克尔·波特于 20 世纪 80 年代初提出的。他认为行业竞争对手、潜在进入者、替代品生产者、供应商和用户五种力量综合起来影响着行业的竞争态势。波特五力模型主要用于运营管理的外部环境分析，如图 2－2 所示。

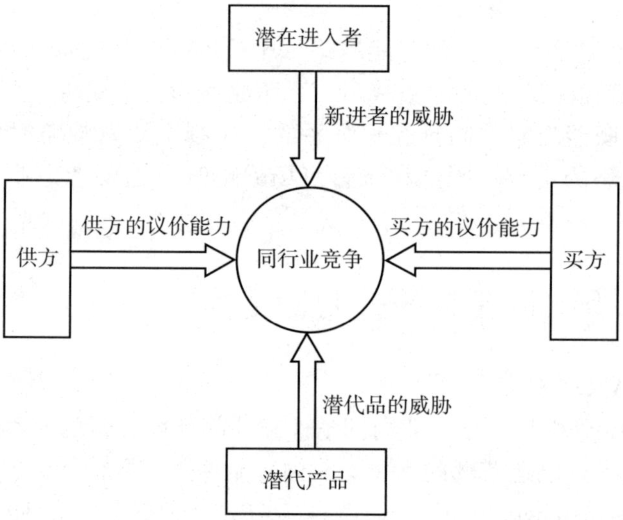

图 2－2　波特“五力”模型

通过对企业所面临的五个方面的影响因素分析，可以深入地了解外部环境中对企业影响最直接的因素。

3. 波士顿（BCG）矩阵

波士顿（BCG）矩阵是由波士顿咨询集团创立的一种规划业务组合的战略分析工具。应用波士顿（BCG）矩阵时，通常从两个维度进行分析，即“业务增长率”和“相对市场占有率”。

根据这两个维度可以把企业的业务分为以下四种类型：高增长低份额为问题型业务；高增长高份额为明星型业务；低增长高份额为金牛型业务；低增长低份额为瘦狗型业务。波士顿（BCG）矩阵，如图2－3所示。

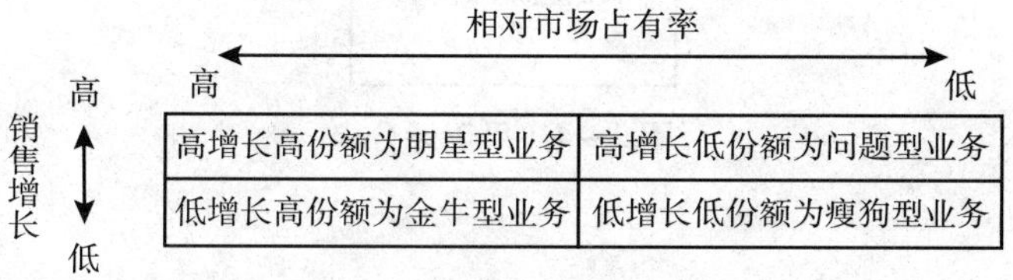

图2－3　波士顿（BCG）矩阵

把通常的波士顿（BCG）矩阵扩展后，可以知道决策对象的市场位置，同时也了解决策对象对总公司营业收入和利润的贡献。根据这些情况可精准地确定项目的活动方向。

2.1.6　平衡计分卡

组织所确定的使命、价值观、愿景以及所制定的战略需要付诸实施，并最终体现在组织的绩效水平上。平衡计分卡就是一种把使命、价值观、愿景和战略转换为策略和方案的战略管理工具。平衡计分卡最早由罗伯特·卡普兰和戴维·诺顿于20世纪90年代提出。现在的模式是从一个纯粹的财务角度转变为与其他方面进行整合，把财务、顾客、业务流程和学习与成长整合在一起，从过去和未来两个角度，用四个维度来平衡财务绩效与非财务绩效、外部绩效与内部绩效，如图2－4所示。

管理者应用这种方法要制订实现特定目标的计划、测评指标以及激励方案，并通过测评指标的完成情况，与竞争对手进行客观的比较。

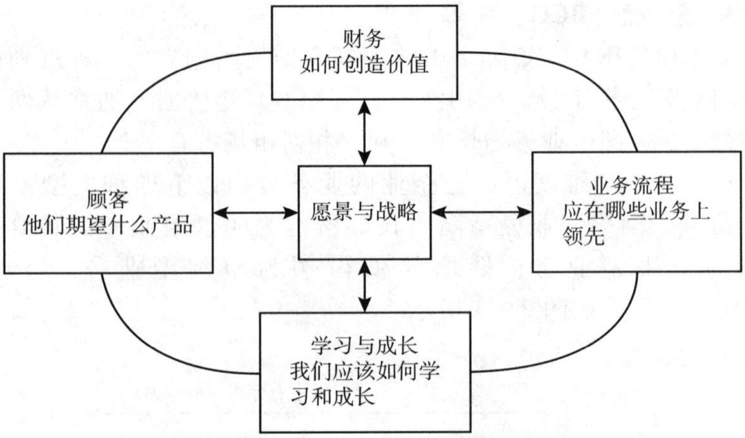

图 2－4　平衡计分卡

2.2 商业模式

2.2.1　商业模式概述

随着经济的发展，我国越来越关注企业的商业模式，下面我们就了解一下具体的内容：

商业模式

1. 商业模式

商业模式是针对所细分的客户，在明确为客户所提供的价值基础上，充分利用企业的核心资源，并管控其重要业务，创建一个具有核心竞争力的运营系统，以满足和保障顾客需求和利益相关者权益，同时实现企业的可持续经济效益的商业逻辑或整体解决方案。

2. 商业模式九大要素

商业模式由九大要素构成：客户细分、客户关系、渠道通路、价值主张、核心资源、关键业务、重要伙伴、成本结构、收入来源。九大要素构成了四个模块，即为谁提供、提供什么、如何提供、成本收益如何。在“为谁提供”模块中，需要确定客户细分、客户关系与渠道通路。在“提供什么”模块中，需要明确价值主张。在“如何提供”模块中，明确了核心资源、关键业务与重要伙伴。在“成本收益如何”模块中，描述了成本结构与收入来源。

以下将解析九大要素的含义，并以快件收发社区智能快递柜为例来说明各个要素的具体内容。

（1）客户细分就是企业要向其提供价值的消费者群体。智能快递柜有两个细分市场，即大学校园、小区居民。

（2）客户关系描述了企业同顾客之间的联系。对智能快递柜这种新的业态，通过创建快递社区来经营同顾客之间的关系。

（3）渠道通路是企业接触顾客的途径和接触点。渠道通路说明了企业如何接触其每个细分市场的顾客，来传递其价值主张。对于智能快递柜，其主要渠道通路是自有App。

（4）价值主张即企业通过其产品和服务为消费者提供的价值。价值主张确定了企业对消费者来说的价值。以智能快递柜为例，其价值主张应定位于让顾客收发快件更方便、更安全。

（5）核心资源就是公司执行其商业模式所需要的核心资源或能力。就智能快递柜来说，要想在众多的快递柜中脱颖而出，必须要有与众不同的功能。例如，健全、便捷的扫码存件与取件功能，在线支付功能，完备的人机接口等。

（6）关键业务即企业所要从事的主要业务或活动。智能快递柜的关键业务是快件的收发与提取。当然，平台运营、广告推送等应作为其增值业务。这些增值业务将成为智能快递柜的重要收入来源。

（7）重要伙伴是指为使商业模式得以有效运营而与其他企业所建立的伙伴网络。企业通过创建联盟来提高效率并降低成本是优化商业模式的一个重要途径。就智能快递柜来说，其重要伙伴首先是学校的后勤公司或小区居委会以及各个快递公司。

（8）成本结构即运营一个商业模式所引发的所有成本。为培植核心资源或能力，创建渠道通路、完成关键业务、维系重要伙伴都会引发成本。对某些行业而言，成本结构在商业模式中起关键作用。就智能快递柜而言，其主要成本构成为：智能快递柜的购置、软件开发费用以及维护费用、人工费、App运营维护费用、保险与理赔费用等。

（9）收入来源是指从每个客户群体中获取的现金收入。收入无外乎有两种形式：因客户一次性支付而获得的交易收入；因客户持续支付而获得的经常性收入。以智能快递柜为例，其先期主要收入来源是快件的分拣配置费；随着增值业务的开展，广告收入与流量收入会逐步增加；此外，顾客支付的超时保管费用也是收入的一部分。

2.2.2 运营战略与商业模式的关系

商业模式不同于运营战略，商业模式解决的是为谁提供产品和服务，提供什么产品和服务，如何提供产品和服务，成本收益如何等。商业模式是对企业的整体布局。运营战略则重点考虑目标市场定位、价值主张、核心能力培养、产品和服务提供等。但是运营战略所考虑的目标市场定位、价值主张、核心能力培养以及产品和服务提供等均是商业模式中的关键要素，因此运营战略与商业模式之间有着紧密的联系。

运营战略与商业模式的联系决定了企业在制定运营战略的时候必须要考虑与商业模式的匹配性。同时，在对所制定的运营战略进行测评时，要以商业模式中所确定的收益结果为依据。

2.2.3 从商业模式到运营模式

商业模式解决了企业必须长期面对的为谁提供产品和服务、提供什么产品和服务、如何提供产品和服务、成本收益如何四大基本问题。这四大基本问题又细分为九大要素。要想真正实现企业的价值主张，为客户提供其需要的产品和服务，并实现预期的收益，还需要制定相应的运营模式。

一般认为，运营模式是企业较短时期的主要职能或业务的运营维护方案。无论如何，一个有效的运营模式应回答以下五个方面的问题：

（1）客户核心需求确认；

（2）包含供应商、顾客在内的价值链的设计与管控；

（3）高附加值业务设计与核心资源投放；

（4）包括订单履行、CRM、资源管理在内的关键流程识别与设计；

（5）包括 HR、财务支持、营销支持、公关支持、技术支持在内的支持系统创建。

以上五个方面的问题都是对商业模式九大要素的分解与落实。客户核心需求的确认对应商业模式中的客户细分。价值链设计与管理则对应商业模式中的客户关系、渠道通路、关键业务、价值主张、核心资源、重要伙伴、成本结构、收入来源。高附加值业务设计与核心资源投放对应关键业务与核心资源。关键流程识别与设计直接关系着商业模式中的客户关系、渠道通路、关键业务、重要伙伴、成本结构、收入来源。支持系统整合与商业模式九大要素均有直接或间接的联系。①

2.3　企业竞争力和生产率

2.3.1　企业竞争力

企业竞争力是企业在自由和公平的市场环境下生产优质产品或提供优质服务，创造附加价值，从而维持和增加企业实际收入的能力。

企业竞争力是决定企业成败的关键因素。企业之间的竞争体现在很多方面，但归根结底表现在质量、成本、准时交货率的差异上。企业制定并实施运营战略就是要通过运营管理提升竞争力。

（1）质量是产品或服务的固有特性满足要求的程度。质量与原材料、设计和生产过程密切相关。

（2）成本是为获得收益已付出或应付出的资源代价。低成本意味着企业可以在价格上有更大的选择空间。价格是顾客为了得到某一产品或接受某项服务所必须支付的金额。在其他所有因素均相同的情况下，顾客将选择价格较低的产品或劳务。价格竞争的结果可能会降低企业的利润，但大多数情况下会促使企业降低产品或劳务的成本。

（3）准时交货率是在一定时间内准时交货的次数占其总交货次数的百分比。准时交货率反映的是企业在承诺交货的当日提供产品或服务的能力，企业交货的速度是竞争的首要条件。

企业能否应对顾客在产品品种、数量、交货时间上的变化，反映在企业提供定制化产品或服务的能力、快速更新工艺或技术的能力以及运营系统是否富有柔性三个方面。

2.3.2　生产率的概念

生产率即投入产出比。生产率反映了产出（产品和服务）与生产过程中的投入（劳动、材料、能量及其他资源）之间的关系，是一个相对指标。

---

① 马风才：《运营管理》，机械工业出版社2019年版，第27页。

生产率有多种表现形式。以实物表示投入与产出，生产率所表示的结果比较直接，可以在不同企业间进行比较。由于实际中企业所生产的产品或提供的服务不是单一的，这时，通常是选取某一代表产品，利用换算系数把其他产品或服务折算为代表产品。当涉及的投入不是单一的时，只能以价值来统计投入。当以价值来表示投入与产出时，生产率就与企业的效益建立起了联系。企业就可以借助分析生产率水平来改进自身的管理和技术。

实际运用中，企业通常使用生产率的倒数来评价资源的利用情况，此即单位消耗。当把单位消耗与劳动定额、机时定额、原材料消耗定额等进行比较时，就在一定程度上反映了企业的管理和技术水平。

生产率对营利性组织、非营利性组织都有重要的意义。对营利性组织，较高的生产率意味着较低的成本及较高的利润；对非营利性组织，较高的生产率意味着利用较少的社会投入为公众提供更好的服务。

值得指出的是，生产率不同于效率。生产率反映出资源的有效利用程度，效率是指在给定的资源下实现的产出。

2.3.3 生产率的计算

根据生产率的定义，可给出如下生产率的计算公式：

$$生产率 = 产出/投入 \tag{2.1}$$

生产率可按单一投入、两种以上的投入或者全部投入来度量。与这三种度量方法相对的是三种生产率，即单要素生产率、多要素生产率和全要素生产率。表 2－1 列举了这些生产率的计算方法。实际运用中，具体选择哪一种度量方法视度量的目的而定。

表 2－1　　不同类型生产率度量方法举例

生产率类型	度量方法举例
单要素生产率	产出/工时、产出/机时、产出/资本、产出/能源
多要素生产率	产出/(工时＋机时)、产出/(工时＋资本＋能源)
全要素生产率	生产的商品或服务/生产过程中的全部投入

2.3.4 提高生产率的因素

1. 影响生产率的因素

影响生产率的因素一般有管理、资本、质量和技术、标准化、工作场所的设计与布置、激励制度等。虽然技术本身并不能保证生产率的提高，但是技术是影响生产率的主要因素。

2. 提高生产率的步骤

生产率度量可用于很多方面。可以评定企业在一定时期内的经营业绩，分析取得的成绩和不足，并针对不足采取改进措施。

企业可采取以下步骤来提高生产率：

（1）测定生产率指标。

（2）识别影响整体生产率的关键环节。

（3）以管理、技术等为切入点提高关键环节的生产率。

本章小结

本章系统介绍了运营管理战略的相关概念和内容，从组织使命、组织价值观和组织愿景到组织发展战略和运营战略，再到具体的策略与方案，不仅是组织使命、价值观和愿景的实现过程，同时也是识别和培育企业核心竞争力的过程。介绍了常用的战略制定工具主要有波特五力模型、SWOT 分析、波士顿矩阵、平衡计分卡等。学习如何提高企业的竞争力，如何提高生产效率等。

本章关键术语

使命、价值观、愿景、发展战略、运营战略、竞争力、波特五力模型、SWOT 分析、波士顿矩阵、平衡计分卡、生产率。

复习与思考

1. 一个企业的使命应具有的特征是哪些？
2. 价值观的含义有哪些。
3. 愿景要回答的基本问题是什么？
4. 简述 SWOT 分析的基本步骤。
5. BCG 矩阵有哪几个维度？
6. 简述商业模式的含义。
7. 运营战略与商业模式有何联系？
8. 影响生产率的主要因素有哪些？

第3章 产品开发与管理

本章要点

- ✧ 了解现代企业研究与开发（R&D）组织
- ✧ 了解产品开发对生产成本的影响
- ✧ 掌握生产流程的种类和特点
- ✧ 掌握生产流程设计和决策的主要因素

引导案例

高级蓝色刀片是吉列刀片的核心和最高级的产品，非常受消费者喜欢。1962年，这种刀片创造的利润大约有1 500万美元，比公司纯利润总额的1/3还多。由于竞争对手推出了新产品，吉列公司开始对生产自己的不锈钢刀片产生了担心。于是吉列公司投巨资用于新产品的开发和推销活动，其中的80%费用主要是来自高级蓝色刀片。开发新市场的广告活动包括采取电视广告的方式，直到20世纪70年代，由于新产品市场的失败，他们已经失去了40%左右的市场占有率。

（资料来源：笔者根据相关资料整理编写）

产品开发与管理是在企业运营战略指导下进行的。产品开发工作需要根据市场需求对产品系列、产品功能、质量特性、产品的成本和产品发展的步骤等做出决策。企业为了适应顾客的个性化需求和市场的多变性，必须加强产品开发和产品生产过程的设计与优化工作。

3.1　新产品开发与企业 R&D

3.1.1　新产品的概念与分类

新产品的
概念与分类

1. 新产品的概念

新产品是指与老产品相比，在产品结构、性能、材质等方面（或仅一方面）具有新的改进的产品。新产品是一个相对的概念，在不同的时间、地点和条件下具有不同的含义。为了加强对新产品的管理，我国政府根据管理上的需要，对新产品的条件、范围做了相应的规定。作为新产品必须同时满足以下四个条件：

（1）产品在结构、性能、材质和技术特征等某一方面或几方面比老产品有显著改进和提高，或有独创的。

（2）具有先进性、实用性，能提高经济效益，有推广价值的。

（3）在一个省、自治区、直辖市范围内第一次试制成功的。

（4）经过有关部门鉴定确认的产品。产品的结构、性能没有改变，而只是在花色、外观、表面装饰、包装装潢等方面有改进提高的，不能算作新产品。

新产品具有相对性、时间性和空间性等特性。相对性是相对于老产品而言的，即除了开发新产品外，还包括改进老产品；时间性是指某个新产品只存在于一个特定的时间；空间性是相对于一个地区而言的，即必须是在一个省、直辖市、自治区范围内第一次试制成功的产品，并经有关部门鉴定确认。

2. 新产品的分类

新产品可分为以下几类：

（1）全新产品。即具有新原理、新技术、新结构、新工艺、新材料等特征，与现有任何产品毫无共同之处的产品。全新产品是科学技术上的新发明在生产上的新应用。

（2）改进新产品。对现有产品改进性能，提高质量，或求得规格型号的扩展、款式花色的变化而产生的新品种。

（3）换代新产品。主要是指在适合新用途和新需要的基础上，以原有产品为基础，部分地采用新技术、新材料、新元件而制造出来的产品。以手机为例，从第一代砖头般大小的蜂窝电话，到现在的

5G 手机，再到移动互联网等。

（4）本企业新产品。指对本企业是新的但对市场并不新的产品。通常企业不会完全仿照市场上的已有产品，而是在造型、外观、零部件等方面做部分改动或改进后的产品。

以上四种新产品中，全新产品由于开发周期长、费用高，既要有较强的研究与开发实力，又需要有足够的资金来支持。因此，全新产品的开发一般由技术资金实力雄厚的大企业实施，而实力一般的企业多采用其他三种新产品的研发。不管采用哪种新产品开发，企业都必须事先做足功课，包括预先考察新产品能否满足设计的可能性、可制造性、经济性和具有市场需求等条件。

3.1.2 新产品的开发管理

1. 新产品开发的方向

新产品的开发要从适应国民经济发展和提高人民生活水平的需要出发，在把握科学技术发展趋势的基础上，努力做到市场上需要，技术上适宜，生产上可行，经济上合理，时间上及时。企业不论采用何种方式开发新产品，都要把握住新产品开发的方向。具体说，新产品开发有如下可供选择的方向：

（1）多能化。是指提高产品的性能，增加产品的功能，由单功能发展成为多功能，达到一物多用，一机多能。

（2）高能化。是指开发性能高的，即高效率，高精度的产品。

（3）小型化。是指要开发小巧轻便的，即体积、重量比同类产品小（轻）的产品。

（4）简化。是指要开发在结构等方面简化的产品。减少产品基型、系列，对于生产产品品种过多的企业，也应通过新产品开发加以简化。

（5）多样化。是指要开发多品种、型号的产品，以满足多方面的需要。

（6）标准化。是指产品的结构、零件要实行标准化，以减少专用件的种数，加速产品的设计和发展。

（7）节能化。是指要开发节能的新产品。

（8）美化。是指产品设计要注意美化，外形要美观大方，色调要柔和，款式要新颖。

（9）环保化。是指产品符合环保的要求。

这“九化”是新产品开发的方向，企业要根据自己的条件，选择某“一化”或“几化”作为方向，制定出有阶段目标、长远要求的新产品开发规划，以指导行动。

2. 新产品的开发方式

针对不同的新产品和企业的研究和开发能力，可以选择不同的开发方式。一般有以下几种可供选择的开发方式：

（1）自行研制。这是一种独创性的研制，采用这种方式开发的产品一般是更新换代或者全新的产品，具有三种情况：一种是从基础理论研究到应用技术研究，再到产品开发研究，全部过程都靠自己进行；另一种是利用社会上基础理论研究的成果，只进行应用技术研究和产品开发研究；还有一种就是利用社会上应用技术的研究成果，自己只进行产品的开发研究。

（2）技术引进。它是指工业企业开发某种主要产品时，在国际市场上已有成熟的制造技术可供借鉴，为了节约时间，迅速掌握这种产品的制造技术，尽快地把产品制造出来以填补国内空白，而通过与外商进行技术合作、“三来一补”、购买专利或购买关键设备等，从国外引进制造技术，复制图纸和技术文件的一种方式。

（3）自行研制与技术引进相结合。它是在对引进技术的充分消化和吸收的基础上，结合本企业科研，进行产品开发。其又有两种情况：一是通过对引进技术的学习、消化和进一步研究，创造符合我国国情的别具一格的新产品；二是直接把引进技术和我国的研究成果结合起来，创造出新的产品。

3. 新产品开发的程序

产品开发程序，是指从新产品的总体设想、调查研究、设计、工艺、试制、鉴定到正式投产销售所经历的阶段和步骤。如图3－1所示。

由于新产品的种类，行业差别和企业生产类型等不同，尤其是所选的新产品开发的方式不同，新产品开发程序不可能完全一样，但一般来说新产品开发可归纳为四个阶段：

第一阶段是调查研究和前期开发。

这一阶段的主要任务是进行新产品开发决策，其工作内容主要有：产品开发创意、调查和预测、提出方案和方案的评价选择。

（1）产品开发创意。产品开发创意是企业根据市场需求和本身条件，在一定范围内首次提出发展新产品的设想或构思。创意是新产品诞生的开始，如方便面，就是源于“开水一冲可食用”的创意设想开发而来的。新产品要新，就必须要有打破常规的创意，创意的过程实质就是创造性思维的过程。企业新产品构思创意主要来自两个方面：第一，企业的外部来源：政府、学校、科研部门、专利机构、竞争者和顾客。第二，企业的内部来源：内部的企业员工、干部、技术人员、管理人员、财务人员和推销人员等。

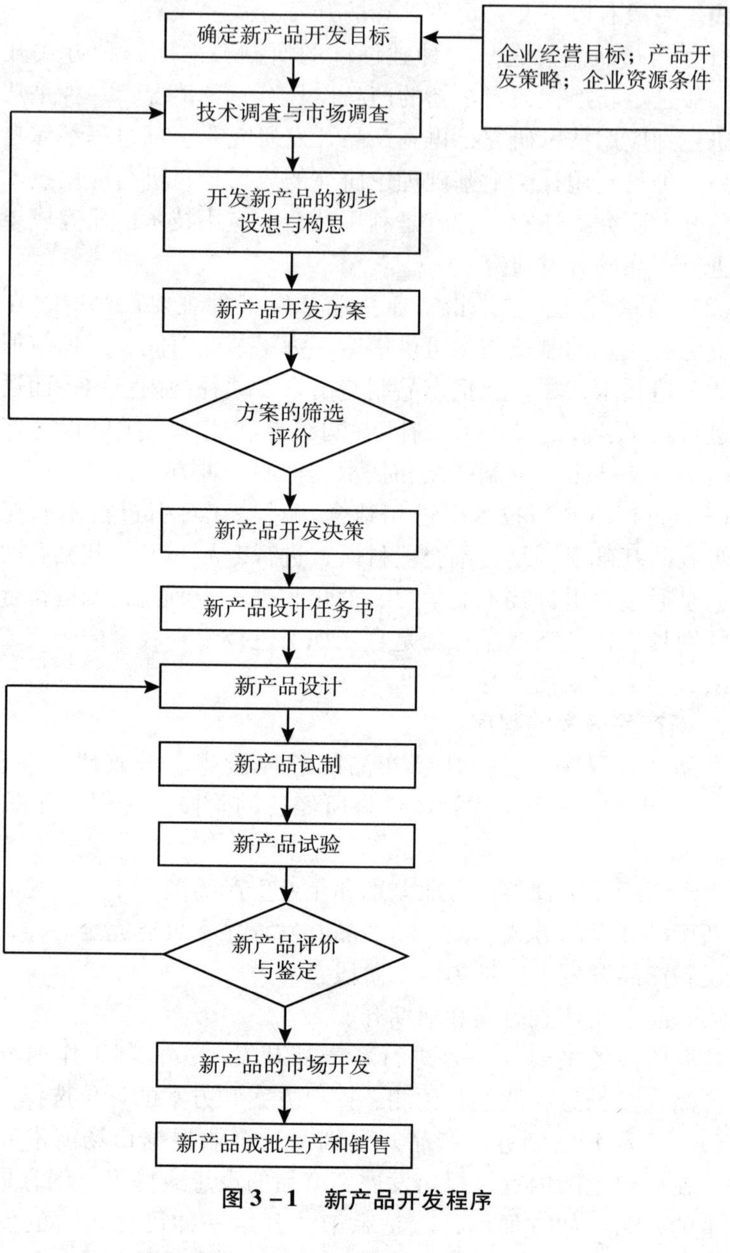

图 3－1　新产品开发程序

（2）调查和预测。企业在收集了各种创意后，通过去粗取精从多个创意中选择出具有开发价值的产品。为此必须进行调查和预测，它包括以下三个方面内容：

第一，技术调查和预测，即了解产品的技术发展状况，本企业达到的水平，国内和国际先进水平以及预测技术发展趋势。

第二，市场调查和预测，即了解对老产品的改进意见和对新产品品种、质量、数量、价格和规格等方面的要求，进行市场预测。

第三，行业调查和预测，了解本行业的生产现状与发展趋势和竞争对手的情况等。

新产品开发程序，如图3-1所示。

（3）提出方案和方案评价选择。在调查和预测的基础上，提出切实可行的方案并对方案进行评价和选择。方案评价是指对所提到的方案进行技术经济评价。对新产品是否可行，其先进性、性能用途是否为用户欢迎，新产品的价格是否合理等问题进行评价。把一些不合理的条件、未成熟的方案筛去，这一步是新产品开发成败的关键。

（4）编制新产品开发技术建议书。新产品开发技术建议书的内容要比产品开发方案具体，它应包括：新开发产品的结构、特征和技术规格，产品的性能、用途和使用范围，与国内外同类产品的分析比较，开发这一产品的理由和根据等。这是决策性的文件。

第二阶段是新产品设计、评价、鉴定和试制。

新产品设计分为初步设计、技术设计和工作图设计三个阶段。新产品设计出来后，在正式生产前进行试验性生产，目的是避免将存在缺陷的设计和工艺投入正式生产而造成人、财、物的浪费，保证新产品开发尽快获得成功。新产品试制一般分为样品试制和小批试制。通过各种试验，不断进行改进直到鉴定。这是从技术、经济和生产准备等方面对新产品做出全面评价，并确定是否进行下一阶段开发工作。产品鉴定能及时发现问题，采取措施解决问题，以避免造成损失。

第三阶段是新产品的市场开发。

产品的市场开发既是新产品开发进程的终点，也是下一代新产品再开发的起点。通过市场开发，可确切地了解开发的产品是否适应需要以及适应程度，分析新产品市场需求情况及开发产品有关的市场情况，为开发决策提供依据。新产品的市场开发工作主要有：市场分析、样品试用、市场试销和产品投放市场。

第四阶段是正式生产和销售。

经过小批试产试销后，确认有市场，就可进行正式生产和销售，在正式投入销售前要做以下几项工作：首先是必备的生产条件（技术、工艺和设备等）；其次是确保切实可靠的原材料、动力和外协配套的供应；最后是良好的销售渠道和市场。

4. 新产品开发的组织计划管理

强有力的组织领导是新产品开发的保证。产品设计的组织形式有以下几种：

（1）单线式。它是按产品成立设计组，在一名主任设计师领导下负责全部设计工作，并参与试制、试验活动。

（2）复线式。这种组织形式是把新产品设计分成两类：一类是独立开发性；另一类是一般性，分别组织设计组进行设计。

（3）矩阵式。这种组织形式是既按产品设置综合设计组，又按不同专业设有很多专业设计组，每个专业设计组都要承担不同产品的相同或相似的设计任务。

（4）项目中心式。这种组织形式是按新产品开发项目将车间（分厂）里的设计、工艺和试验等有关人员都集中起来，与企业产品设计人员一起组成开发中心。

一个企业采取哪种产品设计组织形式，要根据开发的新产品多少、复杂程度以及设计人员的素质等而定。新产品开发涉及很多部门，是一个复杂的延续过程，有的产品开发过程要延续多年。因此，企业需要制订新产品开发计划，用计划把开发活动从空间和时间上协调起来，以取得预期成效。

新产品开发计划工作主要包括以下各项内容：

（1）搜集资料。包括：国家有关技术政策和法令等；计划期内市场对新产品的需求情况、销售价格和功能要求等方面的预测分析资料；企业内部人力、物力、财力和技术状况分析资料；材料、设备和协作配套件等的供应前景分析资料；国内外同行业技术、产品发展动向等的分析资料等。

（2）制定目标。制订新产品开发的计划目标，企业预定计划期内新产品开发应当达到的目标，它包括产品目标，即在计划期内要研制成功多少，试制多少，预研多少，以及这些产品要达到的技术水平等；销售目标，即在计划期内要有多少种新产品投入市场，要达到多大销售量；利润目标，即在计划期内要从新产品开发中获得多少收益等。

（3）提出措施。实现计划目标需要增加多少设计、生产和销售人员；需要增添多少设备、仪器和其他物质条件；需要多少资金等，以及解决它们的途径和办法。

（4）开发方式。在计划中要规定出新产品开发方法，即在开发方式上是采取技术引进、引进和自行研制相结合，还是独立研制；在组织形式方面是与外单位联合开发，还是本企业独立开发；在开发手段上，所需仪器设备是自制，还是外购等等。

（5）安排进度。按产品安排各开发阶段的日程进度，以及围绕着新产品开发进度对其他工作的进度要求。

（6）明确责任。每个待开发的产品，在产品开发中将进行的每项独立工作，每项重要措施，都要确定出负责单位和个人。

3.1.3　新产品开发策略

新产品开发策略就是把有限的资源有效地运用到最适宜的产品上去，以求得最佳经济效益。

开发产品要消耗和占用企业资源。产品生产出来后投放市场，各种资源可以用于不同的产品，各种产品亦可投入不同的目标市场。把资源、产品和市场组合起来，就形成一系列产品发展策略，企业管理部门的任务，是从多种产品发展策略中做出最佳决策。

1. 产品线策略

一个企业生产具有相同的使用性能但规格不同的一组产品，构成一条产品线。一条产品线包含的同类产品数目称为产品线的深度，一个企业拥有产品线的数目称为产品线的宽度。产品线的深度与宽度构成企业产品的组合。产品组合又称为产品线的组合，从纵向分为产品线的宽度；从横向分为产品的深度，如图 3－2 所示。

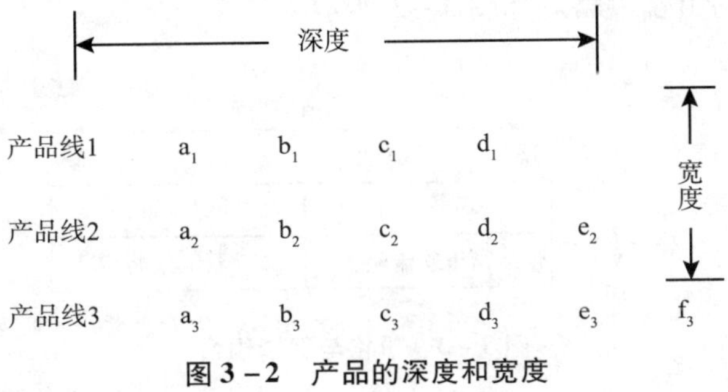

图 3－2　产品的深度和宽度

由于科学技术的进步和商品生产的高度发展，以及社会需求的多样化。企业需科学地分析影响产品结构的因素，采取相应的策略，影响企业组成何种产品结构的因素有：社会需要及企业经营环境的相对稳定；竞争对手及企业实力的对比；资源条件、资金筹集及盈利大小的分析。

产品线策略分为产品线宽度策略和产品线深度策略。

（1）产品线宽度策略。分为产品线扩充策略和产品线简化策略。产品线的扩充策略是指增加产品线；产品线简化策略是减少产品的种类，而放弃一些疲软的产品。

（2）产品线深度策略。分为向上延伸、向下延伸和上下延伸三种策略。向上延伸策略是指原来生产的是中、低档产品，现在发展成也生产高档产品；向下延伸策略是原来生产高档产品，现在发展成也生产中、低档产品；上下延伸策略，是指原来生产中档产品，现在发展成也生产高档和低档产品。

2. 新产品的价格策略

（1）质量定价组合策略。质量定价组合策略即综合考虑产品质量与价格的关系，分别制订不同的价格策略。如表 3－1 所示。

表 3－1　　质量定价组合策略表

质量	价格		
	高	中	低
高	优质优价	渗透	倾销
中	高价投放	常规	进占
低	侥幸	试探	常规

（2）价格促销组合策略。产品在导入期，可以采用以下不同的价格与促销组合策略。如图 3－3 所示。

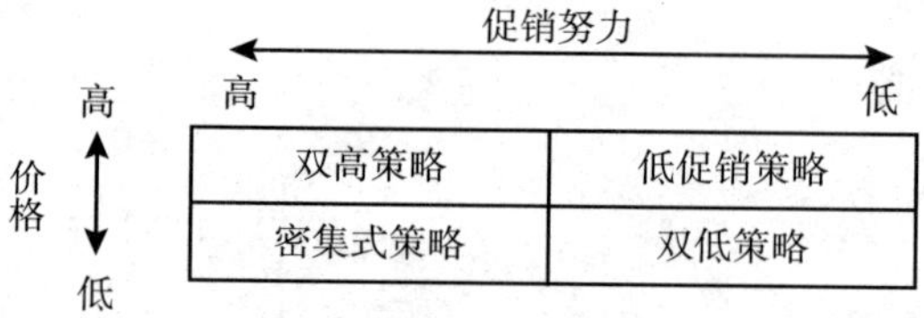

图 3－3　价格与促销组合

3. 提高竞争力的策略

在市场经济条件下，影响产品竞争力的因素包括产品品种、质量、交货期、价格和服务等。这些因素构成一个统一的有机整体，并表现为动态平衡。如图 3－4 所示。

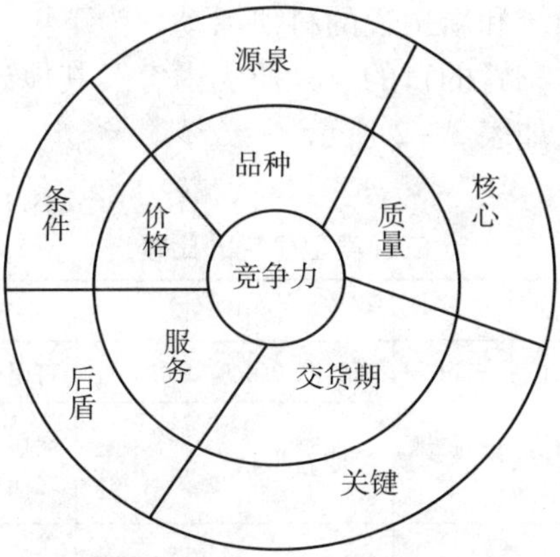

图 3-4　产品竞争因素

为了提高新产品的竞争能力，企业可采用以下策略：

（1）领先策略。指企业开发新产品，要在其他企业还未开发成功，或还未投入市场前抢先开发、抢先投入市场，使企业的某些产品处于领先地位。

（2）跟随策略。指企业发现市场上竞争力量强的产品，或者发现刚露脸的畅销产品，就不失时机地进行仿制，并迅速地将仿制的新产品投放市场。

（3）低成本策略。指企业大力降低新产品成本，使新产品的价格具有竞争力。

（4）服务策略。指加强新产品的售前和售后服务，提高产品的竞争力。

3.2　R&D 与产品开发组织

3.2.1　企业 R&D

企业的研发

1. 企业 R&D 的分类

研究与开发（research and development，R&D）包括基础研究、应用研究和技术开发研究。基础研究进行的是探索新的规律、创建基础性知识的工作；应用研究是将基础理论研究中的新知识、新理论应用于具体领域；技术开发研究是将应用研究的成果经设计、试验而发展为新产品、新系统和新工程的科研活动。为了更好地理解这三类不同工作，我们将这三者的目的、性质、内容及其他计划与管理上的不同特点比较如下，如表3－2所示。

表3－2　　三种类型研究的比较

项目	基础研究	应用研究	技术开发研究
目的	寻求真理，扩展知识	探讨新知识应用可能性	将研究成果应用于实践
性质	探求发现新事物、新规律	发明新事物	完成新产品、新工艺，使之实用化、商品化
内容	发现新事物、新现象	探求基础研究应用的可能性	运用基础研究、应用研究成果从事产品设计、产品试制、工艺改进
成果	论文	论文或专利	专利设计书、图纸、样品
成功率	成功率低	成功率较高	成功率高
经费	较少	费用较大，控制松	费用大，控制严
人员	理论水平高，基础雄厚的科学家	创造能力强、应用能力强的发明家	知识和经验丰富、动手能力强的技术专家
管理原则	尊重科学家意见，支持个人成果，采用同行评议	尊重集体意见，支持研究组织在适当时候作出评价	尊重和支持团体合作
计划	自由度大，没有严格的指标和期限	弹性，有战略方向，期限较长	硬性，有明确目标，较短期限

2. 企业R&D的意义

进入21世纪，科学技术的发展突飞猛进，市场需求的变化日新月异，消费需求的多样化和个性化特征越来越明显。R&D能力决定了企业的兴衰成败，R&D的效率影响了企业抢占市场的能力，R&D的质量决定了企业产品质量，R&D的成果影响产品成本。为了在激烈的市场竞争中生存和发展，企业必须有足够的能力不断推出新产品、开发新技术，以满足不断变化的消费需求，可见，R&D在企业经营中具有十分重要的意义。

3.2.2　产品开发过程

产品开发过程包括产品构思、产品设计和工艺设计等一系列活动。产品设计过程包括新产品的需求分析、产品构思、可行性论证、结构设计（包括总体设计、技术设计和详细设计等）以及工艺设计过程。工艺设计是指按产品设计要求，安排或规划从原材料加工成产品所需要的一系列加工过程、工时消耗、设备和工艺装备需求等的说明。

3.2.3　企业 R&D 技术系统

企业 R&D 技术系统由两部分组成：一部分是工程技术，一部分是管理技术。工程技术从事由产品构思到产品实施过程中的工程制造技术活动，是企业中技术构成的主要内容；管理技术从事由产品构思到产品实施过程中的生产指挥活动，是企业中组织构成的主要内容。企业 R&D 系统的结构可以用图 3－5 所示的“Y”模型来描述。

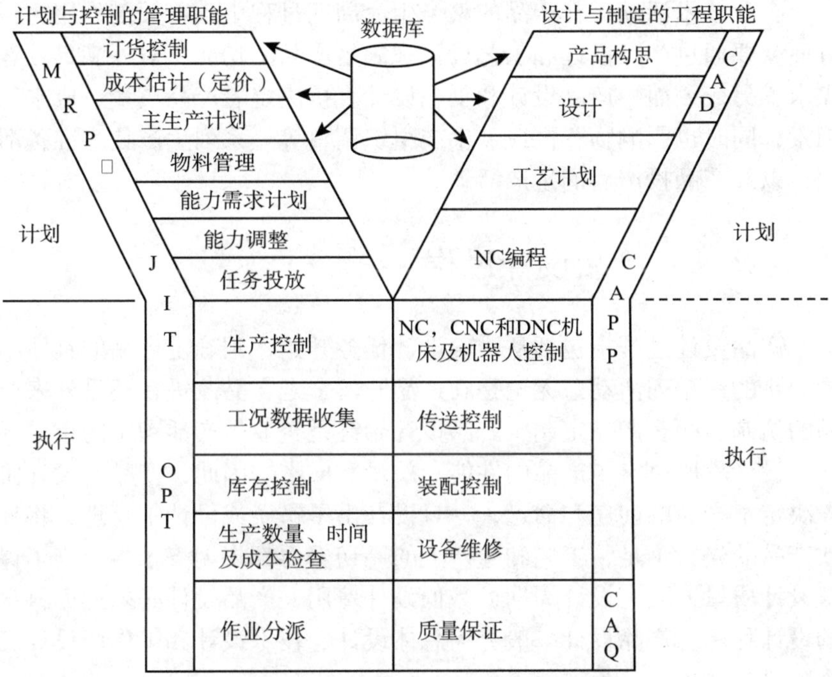

图 3－5　企业 R&D 系统结构模型

产品设计过程主要体现在“Y”模型中工程技术的前段，即产品形成的信息流程之中，最终提供给制造分系统的是产品方案。

由企业系统结构及 R&D 的特征可以看出，企业技术活动主要属于 R&D 中的技术开发范畴。在企业整个系统中，承担技术开发任务的子系统称为技术系统，是企业系统中的一个重要组成部分。

技术系统的任务是在企业内部储备技术创新的潜力，并不失时机地将这种潜力转化为有竞争力的新产品。因此，有时也称为新产品开发或产品创新活动。

技术系统与制造系统、经营系统和组织系统共同构成了企业系统。技术系统与其他系统存在着如下关系：

（1）制造分系统是技术系统的基础和依据，是技术分系统运转时必须考虑的资源约束，技术分系统的活动确定了制造分系统的行为。

（2）经营分系统反映市场的需求导向，为技术分系统确定了工作的目标和任务，技术分系统中的 R&D 的研究就依赖于经营分系统中的市场预测，新产品开发直接影响着企业的经营发展策略。

（3）组织分系统贯穿于各分系统之中，是技术分系统有效运转的保障，也是企业系统中软柔性的关键所在。

企业技术活动，在产品的整个生命周期过程中起着关键作用。一方面，要通过产品设计和工艺设计来满足产品的功能，对外满足顾客需求；另一方面，产品设计和工艺设计直接决定着产品质量、成本等因素，同时也影响物资供应、生产组织调整等一系列生产技术准备活动，以及产品投产后的生产活动。

3.2.4 产品设计过程

产品设计过程指包括从明确设计任务开始，到确定产品的具体结构为止的一系列活动。无论是新产品开发、老产品改进，还是外来产品的仿制、顾客产品定制，产品设计始终是企业生产活动中的重要环节。设计阶段决定了产品的性能、质量和成本。因此，产品的设计阶段决定了产品的前途和命运，一旦设计出了错误或设计不合理，将导致产品的先天不足，工艺和生产上的一切努力都将无济于事。为了保证设计质量，缩短设计周期，减低设计费用，产品设计必须遵循科学的设计程序。产品设计一般分为总体设计、技术设计和工作图设计三个阶段。

1. 总体设计

通过市场需求分析，确定产品的性能、设计原则和技术参数，概略计算产品的技术经济指标和进行产品设计方案的经济效果分析。

2. 技术设计

将技术设计任务书中确定的基本结构和主要参数具体化，根据技术任务书所规定的原则，进一步确定产品结构和技术经济指标，以总图、系统图、明细表和说明书等形式表现出来。

3. 工作图设计

根据技术设计阶段确定的结构布置和主要尺寸，进一步作结构的细节设计，逐步修改和完善，绘制全套工作图样，编制必要的技术文件，为产品制造和装配提供确定的依据。

产品设计是一个递阶、渐进的过程。产品设计是从产品要实现的总体功能出发，系统构思产品方案，然后逐步细化，划分成不同的子系统、组件、部件和零件，最后确定设计参数。

3.2.5 产品设计原则和经济效益评价

对产品设计方案的评价、选择，必须从技术方面和经济方面来衡量，即产品在功能和质量上应具备有效的技术，在制造成本和使用费用上应具有经济性。能满足预定的技术要求和达到期望的经济要求的产品设计就是具有技术经济效益的满意设计。

为了满足同一使用目的与要求，可设计出多种产品；为实现同一功能，可设计出多种结构。由此可以获得在技术上等效、在经济上不等价的各种方案。因此，要通过对设计方案的技术经济效益分析，进行最佳方案的评价和选择。

1. 产品设计和选择的原则

选择一个真正能为企业带来效益的产品并不容易，关键看产品设计人员是否真正具备市场经济的头脑。一方面，新技术的不断出现对新产品的形成有重要影响，而另一方面，则主要看企业是否真正把用户放在第一位。产品设计和选择应该遵循以下几条原则：

（1）必须符合国家的技术经济政策。

（2）设计满足用户需要的产品（或服务）。

（3）设计出制造性强的产品。

（4）设计绿色产品。

2. 技术经济效益分析的指标体系

产品设计的效果可以用数量指标和质量指标来衡量。产品设计的数量指标主要是指产品的上市时间、生产效率、材料利用率和能源消耗等指标；产品设计的质量指标，主要是指产品满足社会需要的程度，对劳动条件和环保的影响、安全指标等。

3.3 组织模式和技术手段

3.3.1 产品设计过程中的组织模式

矩阵式组织结构是产品设计过程中的常见组织架构，这种组织又称为跨职能组织，是产品开发的成功组织模式。矩阵式产品开发小组由不同人员构成，通常由市场、制造和工程技术方面的专家组成，同时还会邀请供应商、销售商和消费者参与贡献创意，产品开发小组甚至会倾听来自会计、保险、环境和社会学方面的专家学者的建议。这种矩阵式组织的最大优点在于涉及产品设计开发的信息被充分沟通，各部门和人员不会产生误解，有利于产品设计开发工作的开展。对高技术型企业来说，在产品设计开始时就组成跨职能的设计小组是新产品快速成功进入市场的重要条件。

3.3.2 产品设计开发过程中常用的技术开发手段

1. 头脑风暴活动

头脑风暴活动是十分具有创造性的活动，这个过程强调参与者突破以往经验的束缚，围绕一个特定主题展开讨论，在交流过程中产生思想火花，产生新的创意。头脑风暴活动的特点是让参与者敞开思想，使各种设想在相互碰撞中激起创造性风暴，其可分为直接头脑风暴法和质疑头脑风暴法。直接头脑风暴法是在专家群体决策基础上尽可能激发创造性，产生尽可能多的设想。质疑头脑风暴法则是对提出的设想和方案逐一质疑，发现其现实可行性，这是一种集体开发创造性思维的方法。

在头脑风暴活动中，参与者人人平等，鼓励异想天开式的奇思妙想，提倡自由发言，畅所欲言，任意思考，尽量激发参与人员的想象力；激发个人追求更多更好的主意，“少数服从多数”的原则在此不适用，思维越新越怪越好，因为它能启发人构思出更好的创意。决不能轻易打压甚至批评他人的“非主流”的创意。

2. 同步工程

同步工程是一种科学的设计管理方法，又称为并行工程，其最大特点是缩短产品开发过程中的开发时间，同步工程还要求在各个设计环节中，前一个环节还未结束，负责后一个环节的部门或单位就要提前介入对接，目的是熟悉相关情况，使沟通过程充分有效。

在很多情况下，设计工程师并不完全了解生产系统的生产能力和制造设备设施的限制条件。目前，国外很多企业改变了传统的单独设计职能，采纳设计与生产一体化的设计理念。例如，在设计过程中制造工程师尽早参与，每个设计小组都指定一名制造工程师参与产品设计，设计办公室靠近生产线，加强了设计与制造之间的交流，从而改进了最终产品的质量。这种方式也有利于设计和生产环节充分沟通，提高了设计工作的有效性，同时还可以缩短设计工作时间。

尽管采用同步设计方法，某些产品的开发过程仍然耗时较长。由于同步设计强调多工作同时展开进行，需要有效的方法来制定和控制开发进度计划。

3. 面向可制造设计

产品的很多质量问题在设计阶段就形成了，因此设计阶段的努力对产品的生产和使用具有重要意义。面向可制造设计又称可制造性，表示在产品设计阶段就要考虑设计产品的可制造性和生产的经济性，是产品设计向制造过渡的重要环节。它通过对产品设计进行认真观察，在满足产品设计特性的前提下，找到易于制造的方法和途径。部件的设计应遵循便于组装的原则，有利于产品设计与生产过程有机结合。成功的制造设计可以提高产品设计的质量，减小制造成本和研制周期，减少库存，减小对检验、测试和返工的资源需求，减少失误，保证制造系统不浪费资源，从供应商购进的零部件和原材料能够充分得到利用，从而提高企业的竞争能力。面向可制造设计的原则是尽量简化产品或流程，使其有更少的零部件或处理阶段，从而减少供应商数量并降低出错的概率。

4. 模块化设计

模块化设计指结合使用标准组件和模块生产不同的产品的设计理念，其优点在于可以用较少种类的标准件和模块设计出品种范围较广的产品。模块化设计在电子和汽车行业应用十分广泛，它要求设计的部件适合不同产品的需要。在实施模块化设计的过程中，应尽量避免使用带螺栓的部件，这样可以简化组装产品的操作，缩短制造时间；模块化设计应包含产品生产流程，并形成书面文件，以便对员工进行培训和工作指导；每一个作业都应该有操作规程，保证能以相同方式完成每一项作业；应尽可能采用简单的作业及工序进行作业；还要考虑容易更换模块和零部件。

模块化设计有助于实现大规模产品定制，符合消费者个性化消费需求。一些大批量生产的服装也采用模块化设计的理念设计服装。如李维斯牛仔服的生产厂家可以用模块化的生产方式为顾客提供服装定制服务，顾客先到李维斯专卖店中测量定制的服装尺寸，每个顾客的服装尺寸数据传输到生产工厂，生产工厂在现有的服装零部件中做适当组合，就可以完成定制服装的加工制作。为了突出顾客个性化需求，李维斯可以在顾客指定的服装位置做特殊处理加工，如可以把顾客的名字绣在袖口处。这是集模块化设计和生产为一体的生产方式，高效的顾客订单收集和快速根据订单进行生产的能力构成了这种模式的核心。

5. 标准化设计

标准化设计是指采用共性条件，制定统一的标准和模式，进行适用范围比较广泛的设计，它适用于技术上成熟、经济上合理、市场容量大的产品设计。在产品生产前期尽量多用标准化设计以减少产品差异化程度，产品简单化有利于使用通用部件或标准化设计来实现，这样不仅可以在最终组装环节实现多样化产品，而且可以简化物料处理和存货控制。标准化设计的优势在于消除不增值环节来简化流程，可以缩减生产成本和时间并减少出错的机会。通常，“简化”“傻瓜化”是一个重要的设计原则，它需要设计人员能够创造性地寻找并消除不必要和不增值部分。尽管产品的多样化能够给顾客更多的选择，但它同样也会增加处理的复杂程度，从而对生产成本、生产时间和产品质量带来挑战。标准化设计有助于减少不确定性和工人出错的机会，类似地，采用标准化设计组织生产也简化了对工人的要求，从而提高劳动生产率和绩效。通过大量生产有限品种的产品以降低生产成本，缩短生产时间和提高产品一致性已经成为设计人员追求的目标之一。

即使是服务行业，也可以通过标准化减少处理时间的差异，缩短顾客等待时间，提高服务质量。

在模块化设计和标准化设计的基础上，延迟差异化可以给企业和消费者双方带来好处。延迟差异化是指以模块化和标准化设计的产品，在得到具体用户的订单之前以模块化和标准化形式存在，当用户订单确认后，根据用户的具体情况做出相应的调整或组合，以满足顾客的需求。如惠普公司生产的打印机在发往具体顾客或销售区域之前都是模块化和标准化的半成品，当顾名或销售区域确定后，惠普公司会给打印机配上适合当地电压的打印机电源和该地区文字的产品说明书。延迟差异化的最大好处是可以使企业以较少的标准化库存满足不同区域市场的需求，从而节约库存成本，在不提高服务率的条件下快速响应不同地区的消费者需求。

6. 防呆设计

防呆设计是一种预防矫正的行为约束手段，运用避免产生错误的限制方法，让操作者不需要花费注意力，也不需要经验与专业知识即可直接无误完成正确的操作。在新产品设计的过程中，聪明的设计师会在容易出错的制造环节和使用环节大量设计防呆装置，旨在避免制造和使用时发生误操作，从而提高产品设计和使用的有效性。

在现实生活中，随处可见防呆装置。如电脑的接口，数码相机和照相机电池，以及存储卡的外形和插入口的防呆设计，可以有效避免用户的误操作。大众手动挡汽车在发动汽车前，驾驶员必须踩下离合器踏板，否则不能发动汽车，这样可以提示驾驶员确认当前的挡位，避免汽车启动后出现突然窜车等误操作；车速大于30千米/时，若驾驶员未系安全带则报警装置会持续报警，若未放松手刹也会报警。

某品牌牙膏产品在销售环节被发现有空盒现象，生产企业在牙膏进入包装后增加了一道防呆设计工序，该工序用一定流量的空气向生产线吹气，若出现空盒则被吹离生产线，从而杜绝了空盒现象。

7. 质量功能展开

质量功能展开（QFD）是日本质量管理专家赤尾洋二教授提出的一种系统方法。质量功能展开关注顾客需求，将顾客需求转换成适当的产品或生产工艺的设计要求（如市场策略、规划、产品设计和工艺、样机、评估、生产过程开发、生产和销售等），保证在产品开发和实施过程中能够始终贯彻消费者的意见反馈，有助于企业提高产品设计质量，从而提高顾客满意度。

管理高层的重视和支持以及相应的组织结构和文化是实施质量功能展开的关键。企业在实施质量功能展开的过程中，首先要成立专门的QFD小组，在企业产品战略和市场战略的指导下，负责市场调查和QFD的分析，根据顾客需求制定公司对产品的质量特性目标，向顾客提供满意的产品或服务。质量功能展开因其形状像房屋，又称“质量屋”。质量功能展开有如下特点：

（1）质量功能展开的结构。质量功能展开使用一套矩阵，它由9个部分组成：顾客需求、顾客重要度、顾客对竞争品牌的评估、产品质量特性、关系矩阵、质量特性的重要程度、质量特性相关矩阵、技术的基准评估和质量特性目标值。

①顾客需求，将顾客对产品或服务的期望要求或渴望特性列举出

来，并将这些需求进行适当分类。

②顾客重要度，即顾客对不同的需求分别指定表示重要程度的权数，对重要程度较高的需求在设计过程中要努力加以满足。

③顾客对竞争品牌的评估，是顾客对竞争品牌的产品或服务特性的认识。这是一种确定竞争地位的有效方法，它也可以使企业进一步核实不同特性对顾客的重要程度，明确本企业与竞争对手产品相比的优势和劣势，为获取竞争优势发现机会。

④产品质量特性，将顾客对产品的需求用企业的专业技术术语在矩阵表的上方表示出来，它是实现顾客需求的方式，应该对产品有价值、有量纲并且可测量，可以由 QFD 小组进行控制。

矩阵表的下方是竞争对手和本企业产品在技术性能指标和困难程度方面的数据。

⑤关系矩阵，这一部分表示顾客需求与产品质量特性之间关系的密切程度，设计人员根据它来确定哪些质量特性有助于实现顾客的需求。

⑥质量特性的重要程度，根据关系矩阵中需求与质量特性的关系强弱，结合顾客重要度计算而得。

⑦质量特性相关矩阵，它表示改变不同质量特性对它们之间的相互影响。产品技术特性中有些技术性能是相互支持的，有些又是相互冲突的。相关矩阵可以帮助设计人员用少量资源达到多种目标。

⑧技术的基准评估，在整个表的下方是企业将自己的各项技术参数和竞争对手的情况进行对比。

⑨质量特性目标值，表示满足顾客需求，新产品的技术性能所要达到的水平，它综合考虑了整个矩阵表信息，但不是通过计算得到的。这些值应尽可能量化，为后续的开发提供指导。

质量功能展开要经过四个阶段，在四个阶段中，质量特性、零部件特性、生产工艺特性和生产过程控制特性通过质量屋表达出来，其中涉及四个矩阵表，引导设计活动从产品设计到生产的整个过程，并将顾客对产品的期望传送到设计小组及生产一线员工。四个阶段依次相连，第一阶段的输出，即质量特性，作为第二个阶段的输入；第二阶段的输出，即零部件特性，作为第三阶段的输入；第三阶段的输出，即生产工艺特性，作为第四阶段的输入；第四阶段形成了产品的生产过程控制特性。经过这样一个过程所确定的生产方式，将使企业能够提供满足顾客要求的产品或服务。

（2）质量功能展开的优点。质量功能展开能够更好地理解顾客的需求，更好地建立顾客需求与技术特性之间的关系，便于各生产职能融入设计过程，有利于打破职能和部门之间的障碍，减少工程技术变更，加快新产品进入市场，降低设计和制造成本，最终提高顾客满意度。

8. 逆向工程

反向工程或逆向工程是通过解剖和认真研究竞争对手的产品或工艺的特性，以达到改进本公司产品的目的。例如，20 世纪 30 年代丰田汽车公司在生产轿车初期就大量参考美系和德系轿车，通过反复拆装、研究、分析和测绘，设计出早期的丰田轿车；又比如我国军工企业通过反向工程的手段，于 20 世纪 50 年代中期仿制生产苏联 AK-47 突击步枪，形成了我军第一代国产 56 式冲锋枪。

9. 价值工程

价值工程（VE），也称价值分析，是指以产品功能分析为核心，以提高产品的价值为目的，力求以最低寿命周期成本实现产品必要功能的设计活动，也称为功能成本分析。在新产品开发过程中，对每一种原材料、零部件和作业都应该充分评估其必要性、经济性和时效性。价值工程涉及价值、功能和寿命周期成本三个基本要素。

价值工程中的“价值”是一种评价事物有益程度的尺度。价值高说明该事物的有益程度高、效益大、好处多；价值低则说明有益程度低、效益差、好处少。例如，人们在购买商品时，总是希望“物美价廉”，即花费最少的代价换取最多、最好的商品。

10. 稳健性设计

稳健性设计又称强壮性设计或田口方法，由日本质量大师田口玄一博士于 20 世纪 70 年代末创立。稳健性设计是指不管在生产过程中还是在顾客使用过程中发生任何差异都不会影响产品实际性能的一种设计方法。

在产品设计中，设计师总是期望减小实际产出的质量与设计规范的差异，但有时减少差异的方法非常困难或者不经济。通常，产品的性能不仅由内部（工序相关）和外部（环境相关）的因素决定，而且由自身的设计参数所决定。设计者的目标是确定一个设计参数组合，能够保护产品性能免受可能遭受到的内部和外部的干扰因素的影响。通过统计试验，将不同的设计参数组合与不同水平的干扰相联系。这一问题的难点是找到合适的设计参数组合以抵抗干扰因素的影响。

当今国产智能手机的设计过程就能充分体现出稳健性设计的思想。如联想智能手机研发人员需要对新款手机做如下模拟实验：实验 1 模拟夏天海边高热的温度环境，智能手机能够在海边盐雾环境和

50℃的环境下正常工作；实验2模拟用户在就餐过程中手机不慎滑落到火锅热汤中，5分钟内手机的后盖不会褪色变形，LOGO依然清晰；实验3是跌落实验，手机从1米的高度跌落到大理石地面上依然能正常工作，且手机机身不产生裂缝。以上实验不但是手机生产商的主动行为，也是手机运营商对手机性能提出的要求。

11. 绿色设计

绿色设计要求在产品设计中考虑使用可以回收再利用的材料或零部件去制造产品，容易维修，减少废弃，尽量减少不必要的包装。在产品制造、消费和报废处置过程中，应减少原材料和能源的消耗。

世界上很多国家都要求企业对生产的产品负责，甚至包括产品使用寿命结束之后的处置。例如，1994年德国法律对个人电脑和家用电器的回收、再利用和安全处置做出了规定，有些企业要支付环保税，有的则是在产品销售价格中包含了环保税；美国的7个州有电池回收的法律；日本对信息技术产品的能源消耗有规定限制；欧盟对环保产品加贴绿色标签。①

3.4 服务的设计开发

服务设计过程是选定服务所需物质资源，确定顾客能够从服务中得到满足和心理上的受益过程。服务是没有专利的创新活动，别的企业也可以模仿，但它不像有形产品的设计和生产技术那样容易学到。服务水平的提高需要企业全员素质的提高，需要有提供优质服务的企业文化，如不断对员工进行培训，经常了解和观察顾客反应和意见，不断改进工作流程等。提供服务的全过程，必须遵循提高顾客满意度与忠诚度的原则。本节着重讨论服务开发的特点及服务蓝图的应用。

3.4.1 服务设计开发的特点

服务设计开发的特点

服务与有形产品不同，其设计开发有以下特点：

1. 服务的无形性

服务是消费者的一种体验，相同的服务对不同的消费者可能有不同感受。服务可能与某些物质资源有关，如航空公司的飞机、餐馆的

① 吴志奇、赵璋：《运营管理》，中国人民大学出版社2016年版。

桌椅、医院的病床等，但顾客真正消费的是无形的内容。它不是飞机，而是一种地理位置上发生变化的旅行；它不是餐馆中的桌椅，而是一种能够就餐的环境；它是为了获得身体健康，而不是医院床位本身，等等。服务设计要研究消费者期望什么样的体验，这与他们的文化程度、经验以及服务由谁提供有很大关系，带有很大的主观性。要想让顾客满意，就应该理解顾客，以顾客的眼光来看待企业提供的服务，这是做好服务设计的基础。

2. 服务的可变性

不同的服务人员与不同的顾客使得服务的结果有所不同。尽管如此，现代优秀服务业企业的经验表明，对消费者来说，服务的可靠性和一致性是衡量服务质量的重要标志。因此，加强员工的培训，制定操作规程，使用标准材料和设备，创造良好的服务环境是服务设计所要考虑的内容。

3. 服务与顾客的高接触性

只有在顾客与提供服务的公司发生接触时顾客才能享受到服务，因此公司的一线员工是提供服务的关键环节。一线员工能否自觉地为顾客提供优质服务，直接反映了一个企业的形象和企业文化。服务系统趋向分散化管理，服务设计应考虑为服务人员提供充分的技能培训，在不违反基本原则的情况下应该赋予一线员工一定的权力，让他们有充分的创造性和责任心，提高他们的应变能力和处理问题的速度。

4. 服务的不可储存性

服务不可能储存起来供以后消费，因此系统的服务能力很重要。设施的规模、内部布置以及提供服务的时效性和定位性是服务设计要考虑的问题。

5. 消费者与服务提供过程不可分割

有形消费品的提供过程要经历生产、流通到最终消费等一系列环节，往往要有一定的时间间隔。而服务具有不可分割的特征，一般服务的生产过程与消费过程同时进行，服务人员向顾客提供服务之时，也正是顾客消费服务之时，顾客的参与是服务过程不可缺少的一个条件。因此服务设计必须确定如何提供服务，要考虑顾客涉入服务过程的程度。要使顾客在服务过程中扮演正确的角色，保证他们获取必要的服务知识，提高消费者的满意度。

3.4.2 服务蓝图

服务蓝图（service blueprint）是服务设计的一种重要手段，直观上同时从几个方面展示服务，包括描绘服务实施的过程、接待顾客的地点、顾客和服务人员的角色以及服务中的可见要素。它提供了一种把服务合理分块的方法，再逐一描述过程的步骤或任务、执行任务的方法和顾客能够感受到的有形展示。

服务蓝图包括顾客行为、前台员工行为、后台员工行为和支持过程。绘制服务蓝图的常规并非一成不变，因此不同服务业会引入不同的符号，每一组成部分的名称都可以因其内容和复杂程度而有所不同。

服务蓝图主要包括两种行为：顾客行为和服务人员行为。顾客行为部分包括顾客在购买、消费和评价服务过程中的步骤、选择、行动和互动。这一部分紧紧围绕着顾客在购买、消费和评价服务过程中所采用的技术和评价标准展开。与顾客行为平行的部分是服务人员行为。那些顾客能看到的服务人员表现出的行为和步骤是前台员工行为。这部分紧紧围绕前台员工与顾客的相互关系展开。那些发生在幕后，支持前台员工行为的员工行为称作后台员工行为，它围绕支持前台员工的活动展开。

服务蓝图中的支持过程部分包括内部服务和支持服务人员履行的服务步骤和互动行为。这一部分覆盖了在传递服务过程中所发生的支持接触员工的各种内部服务、步骤和各种相互作用。

服务蓝图与其他流程图最为显著的区别是包括了顾客及其看待服务过程的观点。实际上，在设计服务蓝图时，值得借鉴的观点是从顾客对过程的观点出发，逆向工作导入实施系统。每个行为部分中的方框图表示出相应水平上执行服务的人员执行或经历服务的步骤。

3.5 产品开发中的风险控制

新产品在开发过程中蕴涵着巨大的风险。普通消费者无法感受到企业在新产品开发过程中所经历的艰辛，开发新产品的企业也不会大张旗鼓地宣传自己失败的案例。美国学者曾做过统计，成功开发一个新产品的背后有大量失败的案例，新产品上市一年以后，只有20%能够生存下来；两年以后降至5%；三年以后这一比例又下降到1%。由此可见新产品设计开发风险巨大。

一方面，开发新产品既有巨大的消费者需求动因，也有公司追逐利润的内在动力；另一方面，公司要为新产品开发承受巨大的风险。

公司不能因为有风险就停止新产品开发的努力，化解新产品开发过程中的风险就成为每个开发新产品企业共同关心的问题。

一种新产品开发过程中减少风险的策略，即先慢后快的新产品开发策略。该策略把新产品开发到推向市场大致分为四个阶段：创意阶段、研发阶段、生产阶段和推向市场阶段。在创意阶段，公司主要成本花费在专家咨询费和考察费等方面，这部分费用有限，不会给企业带来太大的负担。在研发阶段，公司要投资新产品开发的研制设施、实验仪器以及人工费等，费用要多于新产品创意阶段。在后面的生产和推向市场两个阶段中公司所需要投入的费用剧增。在生产阶段，公司需要投资生产设施等固定资产，购置原材料，负担制造费用，支付人员工资等。在推向市场阶段，公司需要拓展销售渠道，支付销售渠道建设费用等。

先慢后快的新产品开发策略是指公司在新产品开发的前期，特别是在创意阶段和研发阶段，研发工作一定要仔细谨慎，该考虑到的因素一定要经过深思熟虑的论证，不能有任何遗漏，特别是不应当忽略对新产品有重大影响的因素，一定要注重各个细节对新产品开发的影响。在这两个阶段，提倡严谨的工作态度，杜绝马虎大意，不怕工作进度慢，就怕工作态度不认真，严谨仔细是前两个阶段应该强调的要点。若经过严谨的论证后，或因为技术因素或因为市场因素，发现某新产品的开发不可行，就要果断中止开发工作，作为后续产品储备，待条件成熟后再继续推进才是明智的决策。反之，若前两个阶段工作粗糙，出现疏漏，进入后两个阶段就会产生很大的成本费用，若此时察觉新产品推广困难则为时已晚，公司将背负巨大的财务包袱。若经论证表明新产品可行，那就应该在后面的两个阶段中快速推进，尽可能在竞争对手推出此类产品前率先进入市场，抢占先机，获得新产品进入市场的溢价收益。快速推进是后两个阶段应当强调的秘诀。

本章小结

本章主要讨论了产品和服务设计开发的过程及技术手段。公司应该以科学的态度对待产品开发过程。在产品研发过程中还要缩短开发周期，控制设计成本，减少产品的开发风险，使新开发出的产品成为公司利润的增长点。

本章也讨论了服务产品的开发，有形产品研发中采用的大部分技术手段也可以应用到服务产品的设计过程中，在产品开发过程中要有风险意识，先快后慢的开发策略可以有效地降低产品开发过程中的风险。

本章关键术语

新产品、产品生命周期、对比可靠性、并行工程、头脑风暴、模块化设计、标准化设计、延迟差异化、可制造性、质量功能展开、反向工程、逆向工程、价值工程、稳健性设计、绿色设计、服务蓝图。

复习与思考

1. 简述新产品的概念和分类。
2. 试述新产品开发的方向。
3. 试述企业研究与开发的意义。
4. 企业为什么要开发新产品?
5. 影响生产流程选择的主要因素有哪些?
6. 生产流程的类型有哪几种?其各自的特征与适用条件是什么?
7. 生产流程设计的基本内容有哪些?
8. 简述产品设计应遵循的原则。

第 4 章

流 程 管 理

本章要点

- ✧ 掌握生产流程分类
- ✧ 了解影响生产流程设计的主要因素
- ✧ 掌握流程分析的过程和步骤，掌握流程优化方法
- ✧ 了解生产能力的概念及种类
- ✧ 了解影响生产能力的因素和度量
- ✧ 了解生产能力与经济规模的关系
- ✧ 掌握生产能力与运营经济性之间的关系

引导案例

江铃于20世纪八十年代通过引进卡车技术制造五十铃汽车，建立了ERP信息化支持系统、高效的物流体系、质量管理信息网络系统、JPS江铃精益生产系统，通过推广NOVA－C、FCPA评审、运用六西格玛管理等手段，不断提升产品质量、节约成本。采购流程的科学化保证了库存成本最小化；项目管理的应用，加强了对成本费用的控制和分析，加速了资金的周转，实现了产品成本核算和管理，使得企业取得了长足发展。

（资料来源：笔者根据相关资料整理编写）

4.1 流程的分类

4.1.1 流程的概念

流程是组织为了实现预定的生产产品、提供服务、增加价值等目标而投入人、财、物、知识、公共关系等资源，通过一系列任务的有序组合来达到和完成目标的整个过程。

流程管理是一种以规范化的构造端到端的卓越业务流程为中心，以持续的提高组织业务绩效为目的的系统化方法，它应该是一个操作性的定位描述，指的是流程分析、流程定义与重定义、资源分配、时间安排、流程质量与效率测评、流程优化等。因为流程管理是为了客户需求而设计的，因而这种流程会随着内外环境的变化而需要被优化。

4.1.2 流程的分类

生产流程一般有三种基本类型：按产品进行的生产流程、按加工路线进行的生产流程和按项目组织的生产流程。

1. 按产品进行的生产流程

按产品进行的生产流程就是以产品或提供的服务为对象，按照生产产品或提供服务的生产要求，组织相应的生产设备或设施，形成流水般的连续生产，有时又称为流水线生产。例如，汽车装配线、电视机装配线等就是典型的流水式生产。连续型企业的生产一般都是按产品组织的生产流程。由于是以产品为对象组织的生产流程，又叫对象专业化形式。这种形式适用于大批量生产。

2. 按加工路线进行的生产流程

对于多品种生产或服务情况，每一种产品的工艺路线都可能不同，因此只能以所要完成的加工工艺内容为依据来构成生产流程，而不管是何种产品或服务对象。设备与人力按工艺内容组织成一个生产单位，每一个生产单位只能完成相同或相似工艺内容的加工任务。不同的产品有不同的加工路线，它们流经的生产单位取决于产品本身的工艺过程，又叫工艺专业化形式。这种形式适用于多品种小批量或单件生产。

3. 按项目组织的生产流程

对有些任务，如拍一部电影、组织一场音乐会、生产一件产品和盖一座大楼等，每一项任务都没有重复，所有的工序或作业环节都按一定秩序依次进行，有些工序可以并行作业，有些工序又必须顺序作业。三种生产流程的特征比较如表 4－1 所示。

表 4－1　　不同生产流程特征比较

项目	特征标记	对象专业化	工艺专业化	项目型
产品	订货类型	批量较大	成批生产	单件、单项定制
	产品流程	流水型	跳跃型	无
	产品变化程度	低	高	很高
	市场类型	大批量	顾客化生产	单一化生产
	产量	高	中等	单件生产
劳动者	技能要求	低	高	高
	任务类型	重复性	没有固定形式	没有固定形式
	工资	低	高	高
资本	投资	高	中等	低
	库存	低	高	中等
	设备	专用设备	通用设备	通用设备
目标	柔性	低	中等	高
	成本	低	中等	高
	质量	均匀一致	变化更多	变化更多
	按期交货程度	高	中等	低
计划与控制	生产控制	容易	困难	困难
	质量控制	容易	困难	困难
	库存控制	容易	困难	困难

4.1.3 流程分析

1. 流程图

流程图是以图形的方式来表现流程，绘制流程图可以帮助管理者对运作系统进行分析。流程分析和流程改善是在绘制流程图的基础上进行的。

企业的流程细节可以通过流程说明书反映出来。再复杂的流程也可以通过研究物料或产品加以描述。在流程图中，物料或产品作为流程单位，流程图就是关注物料或产品经过整个流程的过程。

（1）流程图的绘制。为了绘制流程图，首先需要确定流程的边界和相关细节。流程边界的设定取决于研究流程的目的。一个流程是流程单位流过运作的过程。流程图由一系列符号来表示流程的细节，常用的符号有圆圈、三角、方框、菱形和箭头等。工艺用水系统流程，如图 4－1 所示。

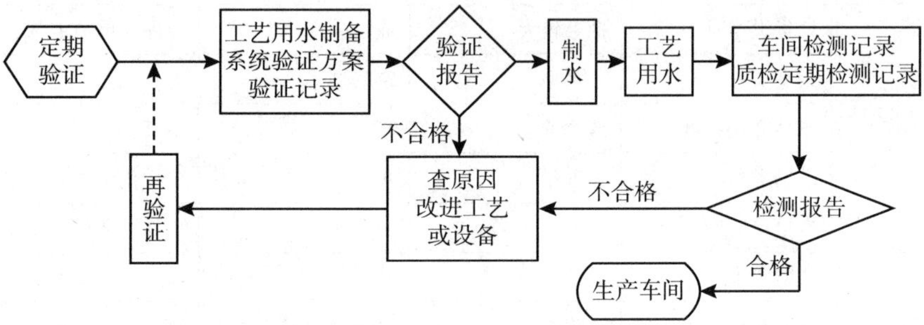

图 4－1　工艺用水系统流程

（2）流程绩效的指标。流程是把投入转化为产出的过程，可以把流程看作一个转化器，它使用资源（如劳动力、资金和设备等），将投入（原材料、等待服务的顾客等）转化为产出（产成品、接受服务的顾客等）。在分析流程之前，首先要定义分析流程的单位。

在不同的行业中，流程的单位千差万别。如在面包生产线中，一个面团就是流程单位；在医院的服务中，病人就是流程单位。流程单位的选择一般是根据生产流程所提供的产品或服务的类型确定的。

流程单位就是在整个流程中流动，从投入开始，最终转化为产出而结束流程。

明确了流程的概念后，以下三个基本流程的度量指标就可以评价流程的绩效：

①库存。流程中积累的流程单位的数量称为库存，在生产线上以在制品为表现形式。

②流程时间。一个流程单位通过流程所需要的时间。流程时间包括该流程单位可能等待加工的时间，因为其他在同一道工序上的流程单位（库存）也在争夺同样的资源。流程时间是一项非常重要的流程绩效度量指标，在服务业应用广泛。

③瓶颈。整体流程能力由生产设施中最小的生产设施能力决定，这个最小的生产设施能力称为瓶颈。瓶颈是流程链条中最薄弱的环节，是流程中生产节拍最慢的环节，流程能力取决于最薄弱环节能力的大小。一个流程的瓶颈是动态变化的，瓶颈无时不在，无处不在。

④空闲时间。空闲时间是指在工作时间内，设备或人没有执行有效工作任务的闲置时间。

⑤流程的平衡。流程的平衡是把流程中各个工序单位时间产出基本调整为相同的过程。

⑥生产周期。生产周期是指要加工的产品从以原材料的状态进入一个生产运作流程，直至变成完成品为止，在运作流程中度过的全部时间。

2. 流程分析步骤

分析流程是为了找出流程中的缺陷，从而找出优化流程的空间。一般地，流程分析包含六个环节。

（1）构建流程图。根据生产工艺的实际情况，考察流程中原材料的投入、各道加工工序流程以及产出情况，绘制流程图。

（2）确定每道工序流程的特征。详细收集各道工序流程的信息，如每道工序的机器设备、数量、人员安排、工序加工时间等信息。

（3）确定各工序间的特征。信息流和物流连接着各道工序流程，需要确定相邻两道工序之间运转数量和运转时间以及流程特点。常见的流程有推动式和拉动式两种，这两种方式的物料传递方式不同。推动式是指每一道工序都有产品库存，库存对紧后工序起到“缓冲器”的作用。紧后工序从库存中提取产品进行加工，然后再将它们送入下一道缓冲库存。

（4）确定流程瓶颈工序。由于流程中各道工序的能力没有加以平衡，生产线一般不能到达100%的效率，所以流程中不可避免地存在瓶颈工序。通过分析计算各工序的流程能力，找出瓶颈工序，即产能最小的那道工序。

（5）分析流程的产能及每道流程的效率。根据瓶颈工序来分析流程的产能，计算出流程中其他工序的闲置等待时间、时间利用率以及在制品库存等绩效考核指标。

（6）流程改善的措施和建议。根据前面几步的分析，找出流程中存在的问题，针对产生的问题，提出相应的解决办法和措施。[①]

① 吴志奇：《运营管理》，中国人民大学出版社2016年版，第81页。

流程优化

4.2 流程优化

一个流程在运营过程中，管理者应该有意识地对流程进行不断的改进，以期取得最佳的效果。对现有工作流程的梳理、完善和改进的过程，即为流程优化。

流程优化是对现有流程的改进，使其更具合理性和效率。流程优化是一项通过不断发展、完善、优化现有产出的过程，从而提高组织效率和顾客满意度的策略。

4.2.1 流程优化的意义

一个组织的流程不是一成不变的，要根据内外部条件的变化而适当做出调整。流程优化不仅指做正确的事，还包括如何正确地做这些事。

企业面对的新环境变化很快，要解决以职能为中心的传统管理模式下产生的问题，对现有业务流程进行改进，从本质上反思业务流程，重新设计业务流程是改善管理的重要手段之一。只有通过对现有流程的优化，才能在衡量一个组织的关键绩效指标上，如质量、成本、速度、服务等方面取得长足的进步。

一个组织，不管是营利性组织还是非营利组织，只要这个组织是通过某种流程将投入转化为产出的，就存在流程优化的空间。通过流程优化，一个组织的效率会得到改善，顾客满意度也会提高。

4.2.2 流程优化的着眼点

在进行流程分析与改进的时候。首先应该对当前的流程考虑如下问题：

（1）现有流程中的各个环节是否都是必需的？有没有取消的可能？

（2）在剩下不能取消的环节中，有没有可以合并的环节？

（3）取消和合并需要具备什么条件？能否达到？

（4）在上述考虑之后，剩下的环节顺序可不可以进行重新排列，例如，能否将串行操作改变为并行操作？

（5）有没有可能采用新方法、新技术使流程的每个环节操作得到简化？

在回答了以上问题之后，流程优化管理者可以采取以下具体措施，如允许同一工作以不同的方式进行；重新组合任务，进行可行的任务合并；发挥团队作用，提倡自我管理；采用先进技术，构建公共信息平台，着手流程优化的具体操作。

4.3 生产流程设计与选择

4.3.1 生产流程分类

生产流程的类型

根据生产类型的不同，生产流程有三种基本类型：按产品进行的生产流程（即对象专业化流程），按加工路线进行的生产流程（即工艺专业化流程）和按项目进行的生产流程。

1. 按产品进行的生产流程

这种生产流程就是以产品或提供的服务为对象，按照生产产品或提供服务的生产要求，组织相应的生产设备或设施，形成流水式的连续生产，又称为流水线生产。例如，离散型制造企业的汽车装配线、电视机装配线等就是典型的流水线生产。连续型企业的生产一般都是按产品组织的生产流程。由于是以产品为对象组织的生产流程，国内又叫对象专业化形式，这种形式适用于大批量生产类型。

2. 按加工路线进行的生产流程

对于多品种生产或服务情况，每一种产品的工艺路线都可能不同，因而不能像流水作业那样以产品为对象组织生产流程，只能以所要完成的加工工艺内容为依据来构成生产流程，而不管是何种产品或服务对象。设备与人力按工艺内容组织成一个生产单位，每一个生产单位只完成相同或相似工艺内容的加工任务，又称为加工车间。不同的产品有不同的加工路线，它们流经的生产单位取决于产品本身的工艺过程，因而又称工艺专业化形式。这种形式适用于多品种、小批量或单件生产类型。

3. 按项目进行的生产流程

对有些任务，如拍一部电影、组织一场音乐会等，每一项任务都没有重复。所有的工序或作业环节都按一定秩序进行，有些可以并行作业，有些工序则必须顺序作业。

4.3.2 产品——流程矩阵

产品——流程矩阵说明了生产系统的组织系统与市场需求相适应的问题。

产品——流程矩阵解释了生产组织与产品需求特征之间的关系，即生产过程与产品特征呈一种对应关系，管理者应该遵循一定的原则来进行生产系统的决策。产品——流程矩阵如图 4 - 2 所示。

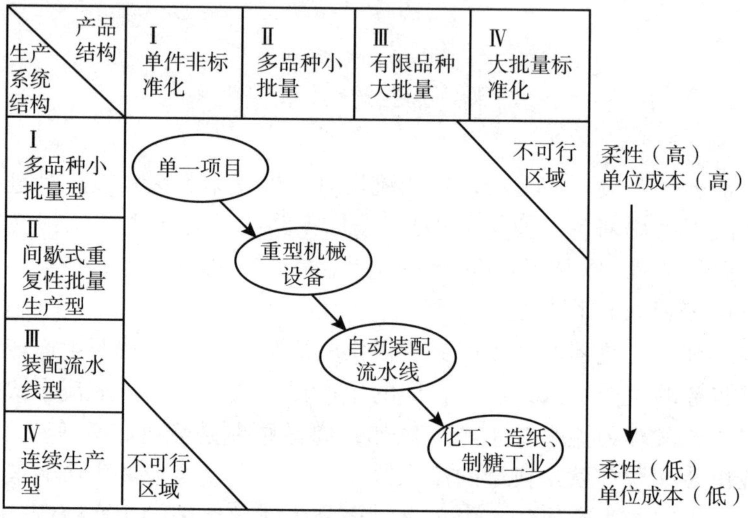

图 4 - 2 产品——流程矩阵

资料来源：吴志奇：《运营管理》，中国人民大学出版社 2016 年版，第 88 页。

产品——流程矩阵说明了两个主要的观点：

首先，根据产品结构性质，沿对角线选择和配置生产流程，可以达到最好的技术经济性。换言之，偏离对角线的产品结构—生产流程匹配战略，不能获得最佳的效益。

其次，那种传统的根据市场需求变化仅仅调整产品结构的战略，往往不能达到预期目标，因为它忽视了同步调整生产流程的重要性。因此，产品——流程矩阵可以帮助管理人员选择生产流程，这对制定企业的生产战略有一定的辅助作用。

4.3.3 影响生产流程设计的主要因素

影响生产流程设计的因素很多，其中最主要的是产品/服务的构成特征，因为生产系统是为了生产产品或提供服务而存在的，离开了用户对产品的需求，生产系统就失去了存在的意义。

1. 产品/服务需求性质

生产系统要有足够的能力满足用户需求。首先要了解产品/服务需求的特点，从需求的数量、品种、季节波动性等方面考虑对生产系统能力的影响，从而决定选择哪种类型的生产流程。有的生产流程具有生产批量大、成本低的特点，而有的生产流程具有适应品种变化快的特点，因此，生产流程设计首先要考虑产品/服务特征。

2. 自制——外购决策

从产品成本、质量、生产周期、生产能力和生产技术等几个方面综合考虑，企业通常要考虑构成产品所有零件的自制——外购问题，本企业的生产流程主要受自制件的影响。企业自己加工的零件种类越多，批量越大，对生产系统的能力和规模要求越高。不仅企业的投资额高，而且生产准备周期长。因此，现代企业为了提高生产系统的响应能力，只抓住关键零件的生产和整机产品的装配，而将大部分零件的生产扩散出去，充分利用其他企业的力量。这样既可降低本企业的生产投资，又可缩短产品设计开发与生产的周期。自制——外购决策影响着企业的生产流程设计。

3. 生产柔性

生产柔性是指生产系统对用户需求变化的响应速度，是对生产系统适应市场变化能力的一种度量。生产柔性通常从品种柔性和产品柔性两个方面来衡量。所谓品种柔性，是指生产系统从生产一种产品快速地转换为生产另一种产品的能力。

在多品种小批量生产的情况下，品种柔性具有十分重要的意义。为了提高生产系统的品种柔性，生产设备应该具有较大的适应产品品种变化的加工范围。产量柔性是指生产系统快速增加或减少所生产产品产量的能力。在产品需求数量波动较大，或者产品不能依靠库存调节供需矛盾时，产量柔性具有特别重要的意义。在这种情况下，生产流程的设计必须考虑到具有快速且低廉地增加或减少产量的能力。

4. 产品/服务质量水平

产品质量是市场竞争的有力武器，生产流程设计与产品质量水平有着密切关系。生产流程每个环节的设计都受到质量水平的约束，不同的质量水平决定了采用什么样的生产设备。

5. 接触顾客的程度

绝大多数的服务业企业和某些制造业企业，顾客是生产流程的一个组成部分。因此，顾客对生产的参与程度也影响着生产流程设计。例如，美发店、裁缝铺的运营，顾客是生产流程的一部分，企业提供的服务就发生在顾客身上。在这种情况下，顾客就成为生产流程设计的中心，营业场所和设备布置都要把方便顾客放在第一位。有些服务企业，如银行、快餐店等，顾客参与程度很低，企业的服务是标准化的，生产流程的设计应追求标准、简洁和高效。

4.3.4 生产流程的选择

按不同生产流程构造的生产单位形式有不同的特点，企业应根据具体情况选择最为恰当的一种。在选择生产单位形式时，影响最大的是品种数的多少和每种产品产量的大小。图 4－3 给出了不同品种——产量水平下生产单位形式的选择方案。一般而言，随着图中的 A 点到 D 点的变化，单位产品成本和产品品种柔性都是不断增加的。在 A 点，对应的是单一品种的大量生产，在这种极端的情况下，采用高效自动化专用设备组成的流水线是最佳方案，它的生产效率最高、成本最低，但柔性最差。随着品种的增加及产量的下降（B 点），采用对象专业化形式的成批生产比较适宜，品种可以在有限的范围内变化，系统有一定的柔性，而操作上的难度较大。另一个极端是 D 点，它对应的是单件生产情况，采用工艺专业化形式较为合适。C 点表示多品种中小批量生产，采用成组生产单元和工艺专业化混合形式较好。

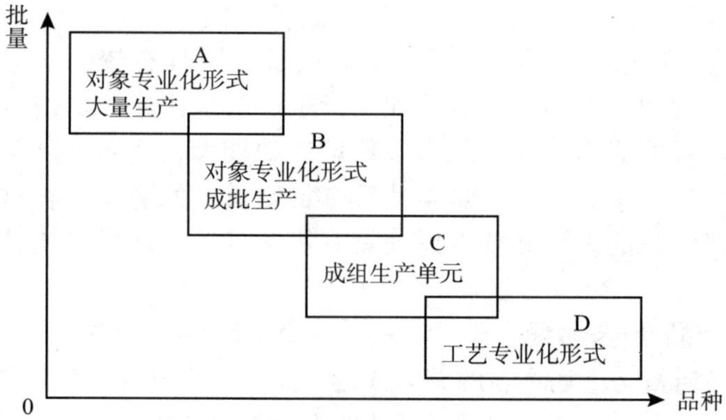

图 4－3　品种——产量变化与生产单位形式的关系

4.4　生产能力设计

生产能力计划决策是企业为顾客提供产品和服务的物质基础，生产能力决策是否合理直接影响到企业的长期经营和发展。生产能力过大或过小都不利于企业的经营运作。对于生产能力计划的制定，企业应选择和确定相应的生产能力发展策略并思考相关的问题。

4.4.1　生产能力的定义

生产能力是指在一定时期内（通常是一年），企业的全部生产性固定资产，在先进合理的技术组织条件下，经过综合平衡后，所能生产的一定种类合格产品的最大数量，或者能够加工处理的一定种类原材料的最大数量。生产能力是在企业可能达到的技术组织条件下确定，不考虑劳动力不足和物资供应中断等不正常现象。以实物指标产出为计量单位，一般以最大产品数量来表示，有时也以加工的原材料的最大数量表示。

4.4.2　生产能力设计与核定的意义

生产能力设计与核定是企业拟准备形成的生产能力或摸清现有生产能力的过程，这是一项基础性工作，是企业经营决策的前提，是实现企业经营目标的物质基础。它有利于发现生产中的薄弱环节和富余环节，做到心中有数，是企业管理中知己知彼的“知己”环节。

生产能力的计算核定始于基层，是自下而上核定的。确定设备和设备组的生产能力后才能计算生产线和工段的生产能力，再后才能确定车间的生产能力和企业的生产能力。

4.4.3　生产能力的种类

生产能力有以下三种常见种类：

（1）设计能力。是指工业企业基本建设时，设计任务书与设计文件中所规定的生产能力。它是企业新建、改建和扩建后应该达到的最大年产量。

（2）查定能力。是指企业生产了一段时间以后，重新调查核定的生产能力。企业的产品方向、固定资产、协作关系、资源条件、劳动力状况等方面发生了重大变化，在这种新的条件下可能实现的最大生产能力。

（3）现实能力，又称为计划能力。是指企业在年度内依据现有的生产技术组织条件，实际能够达到的生产能力。它是以现有生产条件，考虑到在年度内能够实现的各种技术的、组织的措施的效果来确定的。

企业在编制长远规划时，一般以设计能力或查定能力为依据：编制年度生产计划或生产作业计划时，则以现实生产能力为依据。

4.4.4　生产能力的影响因素

影响企业生产能力的因素众多，主要包括产品的品种、数量构成，产品结构的复杂程度、质量要求，零部件的标准化、通用化水平，设备的数量、性能及成套性，工艺加工方法，生产面积的大小，工厂的专业化组织水平，生产组织及劳动组织形式，工人的劳动熟练程度及劳动积极性等。以上这些因素都与固定资产的数量、工作时间和使用效率有关。

1. 生产中的固定资产的数量

生产中的固定资产的数量是指企业在查定时期内所拥有的全部能够用于生产的机器设备、厂房和其他生产性建筑物的面积。

生产中的固定资产的数量包括正在运转的机器设备、正在修理安装或正在等待修理安装的机器设备，以及因生产任务不足、变化或其他非正常原因暂时停止不用的机器设备。

生产中的固定资产的数量不包括判定不能修复、决定报废的设备，不配套的设备，留作备用的设备和封存待调的设备。

2. 固定资产的工作时间

固定资产的工作时间是指机器设备的全部有效工作时间和生产面积的全部利用时间。

3. 固定资产的生产效率

对于设备来说，它是指单位机器设备的产量定额或单位产品的台时定额；对于生产面积来说，是指单位产品占用生产面积的大小及占用时间的长短。

4.4.5 生产能力及其度量

以下主要讨论度量生产能力的基本方法、生产能力利用率和可持续性生产能力等概念。

1. 度量生产能力的基本方法

度量生产能力的方法因行业而异，如医院是每天能够治疗的病人数量，零售商店可能是每天商品销售额，而在餐饮店则可能是每天服务的顾客数量。一般生产能力的度量可以用产出或输入的形式来表示。

（1）产出表达方式。以产出形式来度量生产能力常见于产品专业化流水线生产方式。在这种情况下，非标准化程度低，产出率的高低更能体现生产能力的大小。但在多品种生产情况下，生产能力的度量应能够反映多种产品混合生产的综合产出水平。例如，某个餐饮店每小时可以提供100份外卖或50位顾客就餐，或者同时提供50份外卖和25位顾客就餐，或者其他形式的外卖与顾客就餐的组合。

（2）输入表达方式。以输入形式来度量生产能力常见于工艺专业化加工装配型生产方式。例如工厂所拥有的机器数量或所能提供的机器小时数可作为度量生产能力的标准。正如多品种混合生产会使产出形式表达生产能力的度量复杂化一样，需求量也会导致输入形式表达生产能力的度量复杂化。以产出率表示的需求量必须能转换成以输入形式度量的生产能力，只有这样管理者才能够将生产需求与生产能力在相同基础上进行比较和衡量。

2. 生产能力利用率

制订生产能力计划需要了解当前生产能力水平和生产能力的利用程度，通常是以设备、生产空间和人力利用程度来反映生产能力的利用情况，采用统计调查的结果来衡量生产能力的平均利用率。

生产能力平均利用率是对有效生产能力的衡量。需要注意的是平均产出率和生产能力的衡量必须采用相同的计量单位，例如时间、顾客数量、生产数量或货币。

3. 可持续性生产能力

当生产能力的度量是就生产设备而言时，常以额定生产能力来衡量。额定生产能力是指从工程角度进行测算，在扣除了正常维修时间条件下，生产设备连续运转所能达到的最大年产出量。

本章小结

流程是将投入转换成产出的转化过程，流程分析是了解一个组织或一个过程如何运营所需的基本技能。通过绘制描述一个流程的物流和信息流等的流程图，可以使管理者获取有关该流程的基本要素，以及这些要素之间的相互关系。明确可能产生物料和人员库存或等待的环节，便于管理者对流程进行优化，消除或减少等待时间，使流程更加科学合理。

生产能力是企业提供产品和服务的物质基础，企业流程是建立在这个物质基础上的。

本章关键术语

流程图、流程时间、单位时间、律特定律、流程能力、瓶颈、空闲时间、流程的平衡、生产周期流程表、产品——流程矩阵、生产能力、设计能力、查定能力、计划能力。

复习与思考

1. 确定瓶颈对生产过程分析的意义是什么？
2. 生产过程分析需要经过哪些基本步骤？
3. 如何进行流程分析？
4. 请说明影响生产流程设计的主要因素。

第 5 章

选址规划设施布局

本章要点

- ✧ 了解设施选址规划的意义
- ✧ 掌握工业企业的选址决策的影响因素
- ✧ 掌握服务业选址的特点
- ✧ 了解影响设施选址的因素种类
- ✧ 掌握企业选址需要考虑的层次和影响因素
- ✧ 了解设施布局的意义和内容
- ✧ 掌握设施布局应遵循的基本原则
- ✧ 掌握设施选址方案的主要评估方法

引导案例

麦当劳在进行餐厅选址时主要考虑商圈选择和点位选择。

在商圈选择时，以商场或大型超市附近等人流量大的地方某一点为中心，以1.5千米为半径画圆；主要考察包括人口特征、消费倾向、交通、桥梁、拔市规划等因素。

在点位选择时，要考虑地理位置、是否有转租的可能性、门前是否有坡、门前是否有大树、门前是否有正对的马路等因素。

对选定商圈内不同点位的门前人流量进行分类统计。按工作日、周末、节假日等不同的时期，每天从早7点至晚1点，每2个小时作为一个时段，分别统计不同年龄段的人流量，并换算成每15分钟的人流量。通过“销售额＝人流量×捕捉率×客单价”估计销售额。最后以销售额为主要指标，选择最佳点位。

（资料来源：笔者根据相关资料整理编写）

选址规划及其重要性

5.1 选址规划及其重要性

5.1.1 选址规划的概念

选址规划就是确定工厂或服务设施的位置，涉及两个层面：第一个层面是选位，即选择一定的区域，如国家、地区、省市等；第二个层面是定址，即选择工厂或服务设施的具体地址。随着经济全球化，选址问题已经跨越国家、地区界限。

不但依赖资源的企业如：采矿业、原木采伐业、渔业等必须把企业地址选在资源所在地，其他企业也经常面临选址规划的问题。随着经营规模的扩大，原来的地址缺乏足够的扩展余地，就必须选择新的地址，服务业市场的转移带来的必然是服务设施的迁移。有时选址规划是企业的一种战略举措，如银行、快餐店、超市等常把争取区位优势看作运营战略的一个组成部分。企业在以下三种情况下会面临选址问题。

第一，新建。无论是制造业还是服务业，当需要开展新的业务时，就面临着为新业务选址的问题。

第二，保留现址并增加新址。零售业经常做出这样的选择。增开新的工厂或店面可作为一种保护性策略，以维持市场份额或防止竞争对手进入市场。

第三，放弃现址而迁至新址。市场的转移、原材料的消耗以及原址运营成本过高等经常促使公司做出这种选择。

5.1.2 选址规划的重要性

选址规划的重要性表现在以下两个方面。

（1）直接影响运营成本并决定着运营管理的难度。地理布局决定着直接成本的高低，如原材料和产品的运输成本、劳动力成本及其他辅助设施的成本等。

（2）影响企业的竞争力。选址规划影响着企业的产品或服务的成本、生产效率以及投资收益。选址规划直接影响着供需关系，影响着员工的情绪，甚至影响着公共关系等。此外，选址规划还影响着企业所在供应链的绩效。

5.2　选址规划要考虑的因素及程序

5.2.1　影响选址规划的因素

影响选址规划的因素

1. 设施选址规划的意义

首先，选址是一项长期性投资，相对于其他因素来说，它具有长期性和固定性，当外部环境发生变化时，其他经营因素都可以随之进行相应调整，以适应外部环境的变化，而选址一经确定就难以变动，选择得好，企业可以长期受益。

其次，选址事关企业成败，企业位置的选择将显著影响实际运营的效益、成本以及将来企业规模的扩充与发展。相对于制造型企业而言，服务性企业的选址更为重要，其位置的好坏在很大程度上直接决定了企业的营业收入，最终决定了企业的存亡。

最后，选址是制定经营目标和经营战略的重要依据。商业企业在制定经营目标和经营战略时，需要考虑很多因素，其中包括对选址进行研究，从而为企业制定经营目标提供依据，并在此基础上按照顾客构成及需求特点，确定促销战略。

2. 影响企业选址的因素

在以下条件下，公司会考虑选址的问题：

(1) 某些地区对某种产品或服务的需求发生了变化，使市场结构发生了改变，有必要考虑改变设施区位。

(2) 生产资源（如当地劳动力费用、可供使用的原材料、信息及其他辅助设施的成本等）发生了改变，直接影响运营成本并决定着运营管理的难度，地理布局决定着直接成本的高低。

(3) 恶化的周边环境不适合企业从事正常的生产经营活动。

(4) 由于新产品投产，有必要建立新厂，以保证新的生产资源和产品市场能够取得更好的经济效益。

(5) 几个公司的合并会导致设施过多，有些必须关闭或淘汰。

(6) 保留现址并增加新址。零售业经常做出这样的选择。增开新的工厂或店面可作为一种保护性策略，以维持市场份额或防止竞争对手进入市场。

（7）国家法规的改变。

5.2.2 工业企业的选址决策

工业企业的厂址选择是企业运营系统进入实施阶段所面临的第一个问题。厂址选择正确，有利于企业节约生产成本，降低物流成本，对市场信息做出快速响应，同时也能够使得企业员工安居乐业。如果厂址选择不正确，如选择在一个交通闭塞、信息传递不通畅、生产原材料不易获得、产品运输困难的地方，无疑会给企业带来极大的生产问题，降低企业的竞争力。所以，在考虑企业的厂址选择问题时，必须要注意厂址的选择程序、影响因素和方法等问题。下面讨论几种不同工业企业的选址决策。

1. 重工业企业的选址决策

重工业企业是生产生产资料的生产部门，又称基础工业，如钢铁、石化和汽车生产等行业，这类重工业行业一般规模较大，需占用的场地面积和用于设施建设的投资也较大。多数重工业部门耗费大量的原料和燃料，出入运量大，运距远，因此获取原材料资源和产成品运输因素对重工业设施的选址决策影响很大。重工业企业物流的特点是原材料和产成品运输费用占整个产品销售收入很大的比例，甚至能达到20%。因此，重工业企业选址的一个重要目标就是节约原材料和产成品的物流运输成本。

影响重工业企业选址决策的因素主要有：

（1）建筑成本。

（2）土地成本。

（3）所需原材料和制成品的运输模式。

（4）原材料供应的接近程度。

（5）基础建设条件，如污水排放条件。

（6）劳动力供给状况。

对这种类型的企业，厂址通常选在建筑成本和地价较低，接近或容易获取原材料的地方，以保持较低的运输成本。重工业企业的选址应考虑较适宜的物流方式，以便降低运输费用。环境保护问题也是选址的重要决策问题，重工业通常产生工业废料和噪声等污染，因此应远离居民稠密区。

2. 轻工企业的选址决策

这种类型的企业规模相对较小，通常为生产电子仪器或部件、计算机产品、组装产品、饮料生产等企业。这类企业因生产过程中使用高科技设备，必须保证提供清洁和可控制的生产环境，在选址上对环境要求较高，因此地价和建筑成本可能较高。另外，这类生产对工人的技能要求相对较高，因此需要考虑容易获取所需的人力资源。需要有便利的交通条件，以利于原料供应和产品销售。环保问题不是这类企业要考虑的重要因素，因为这类企业通常没有严重的废料排放问题。

5.2.3 服务业的选址决策

服务业的选址决策涉及面较广，如银行、餐饮、医院、仓储、零售等行业的企业在开业前都需要对选址进行规划，下面选取几个加以讨论。

1. 仓库和配送中心的选址决策

仓库或配送中心是供应链的一个中转点，货物的存放是为了今后的配送。仓库通常具有收货、搬运、储藏和发货的功能。有些仓库还进行简单的加工或组装工作。

仓库所具有的中转性质，使得运输成本成为仓库选址决策的关键因素。另外，还要考虑与市场的接近程度，这取决于供货的要求，包括用户要求的供货频率等。

2. 零售企业和银行网点的选址决策

零售企业和银行网点与民众生活息息相关，这些服务型企业的位置不仅直接影响居民的生活，同时也影响这些服务企业的销售收入，宾馆、餐馆、医院的选址决策也与零售企业和银行类似。选择这类设施的区位首要考虑的问题是接近消费者，既能方便顾客，同时也有利于扩大销售业务。服务设施应当接近服务的目标客户群体，一般地，服务业大都集中在城市，特别是城市繁华地段应该是上述服务业理想的选址地点。尽管这些地点地价或租金可能很高，但由此给商家带来更高的营业收入应该是选址最主要的考虑因素。

5.2.4 影响设施选址的因素种类

设施选址的决策受到很多因素的影响，这些因素对企业的收入、成本及利润目标有着不同程度的影响，这些因素可以分成三类：

（1）与市场有关的因素，如需求特征与竞争环境。

（2）有形的成本因素，如运输、公用事业设施设备、税收、土地成本、建筑成本等。

(3) 无形因素，如当地公众对工厂的态度、城市规划和法律法规、文化习俗差异、宗教、气候、学校、医院、住房条件、娱乐设施等。①

5.2.5 设施选址方案的评估方法

在经过可行性研究之后，企业仍可能面临不同的可供选择的区位。应从多个区位选择方案中评价并做出适合企业发展战略的区位决策。在决策过程中，可以使用定量分析方法，下面介绍四种选址方案的定量评估方法。

1. 评分法

评分法将成本、利润、其他定量和定性因素结合起来，对可能的选择地点进行分析评估。为一种产品的生产或一种服务的提供选择经营场所，是一件复杂的系统工作，需要考虑多方面的因素，例如公司战略层的安排、设施的利用率和顾客的态度等。有些因素很难量化，但如果它们对选址非常重要，可以采用定性测量的方式，在分析模型中反映出来。评分法的分值由专家或业内人士运用专业知识进行评价。

首先，确定区位选择中要考虑的因素，不同类型的企业考虑的因素有所不同，一般包括劳动力、资源、市场接近情况、供应商、环境及场地成本等因素。

其次，若每个维度的分值区间相同，对评价内容在重要性上的差异，可用不同的权重（0～1）做出调整；权重值也可以通过每个评分维度的不同分值区间反映出来，如重要的维度分值区间大，否则分值区间就小。

再次，对每一个待评价的地点采取主观评分法，如优（5）、良（4）、一般（3）、差（2）和劣（1）。最后，算出每一个区位的加权得分。

【例5.1】打算在A和B两个备选地址兴建炼油厂，表5－1展示了评分法选址示例。经过专家评分，对比备选地址A和B，B优于A。这可以提供一个决策的参考，但不能由此就确定选择地点B，还必须结合其他信息进行决策。表中权重值是通过每个评分维度的不同分值区间反映出来的。

---

① 吴志奇、赵璋：《运营管理》，中国人民大学出版社2016年版，第100页。

表 5 – 1 炼油厂打分法选址示例

影响打分的维度	分值区间	备选地址	
		A	B
当地油品供应	0 ~ 330	123	156
电力供应和电力可靠性	0 ~ 200	150	100
劳动力供给	0 ~ 100	54	63
生活条件	0 ~ 100	24	96
交通运输	0 ~ 60	45	55
供水情况	0 ~ 50	34	14
天气	0 ~ 50	8	4
原材料供应	0 ~ 60	45	50
税收政策和法律	0 ~ 50	45	20
总得分		528	558

资料来源：吴志奇、赵璋：《运营管理》，中国人民大学出版社 2016 年版，第 106 页。

采用评分法确定最优选址方案虽然可以通过量化的方式实现，但是评分者的主观判断与现实情况可能存在差异，在评分过程中会不同程度地反映出来，这是评分法的固有缺陷，无法完全消除。

2. 重心法

重心法是一种布置单个设施的方法，这种方法要考虑现有设施之间的距离和要运输的货物量。在最简单的情况下，这种方法假设运入和运出成本是相等的，它并未考虑在不满载的情况下增加的特殊运输费用。首先要在坐标系中标出各个地点的位置，目的在于确定各点的相对距离。坐标系可以随便建立。在选址中，经常采用经度和纬度建立坐标。其次，根据各点在坐标系中的横纵坐标值求出成本运输最低的位置坐标 X 和 Y，重心法使用的公式是：

$$C_x = \frac{\sum D_{ix} V_i}{\sum V_i} \quad C_y = \frac{\sum D_{iy} V_i}{\sum V_i} \tag{5.1}$$

式（5.1）中，C_i——重心的 x 坐标；C_y——重心的 y 坐标；D_{ix}——第 i 个地点的 x 坐标；D_{iy}——第 i 个地点的 y 坐标；V_i——运到第 i 个地点或从第 i 个地点运出的货物量。

采用重心法的前提条件是：已知目的地的地理位置和配送到各个目的地的经济量。这一经济量可以是重量，也可以是数量。重心法一般有以下几个步骤：

（1）绘制表示配送目的地相对位置的地图。

（2）添加坐标系，并标明各个配送目的地的坐标。

（3）计算重心位置的坐标。

（4）根据重心位置周边的具体情况，综合考虑其他因素确定经济中心的位置。

实际中，总负荷最小的位置往往不具备建厂条件，所以求出总负荷最小的位置不但烦琐，而且没有必要。采用重心法，可以快速地计算出重心位置，在重心位置附近选择几个具备建设工厂或服务设施的城市或位置，再结合经济技术分析选择理想的地址。

5.2.6 运输模型

运输模型是在 M 个供应源和 N 个目的地之间决定一个任务分配方法，使得运输成本最小。这是一种可用来进行设施选址的优化方法，其中的供应源指的是制造产品的企业，而目的地则为配送中心或库房。

在实际运用中，这种方法并不能把涉及设施选址问题的所有因素全顾及到，而是在设施位置和各个设施的生产能力给定的条件下，求得最优运输方式。因此，决策者必须对供应源和目的地这两个因素变量进行多种组合，在每一种组合下分别使用此方法，从而寻求一个最优的运输方式和最佳位置。此外，用这种方法得到的最优选择只是考虑了运费最优，还需要考虑投资成本、生产成本以及其他一些定性因素，才有可能得出最后的结论。

运输模型可用线性规划法求解，在实际工作中常用设施选址的计算机专业软件来模拟求解。不管用线性规划法求解，还是用计算机专业软件来模拟求解，运输模型表达起来较为复杂冗长，不在本书中赘述。

5.3 设施布局

设施布局是指对生产车间、工作中心、设备进行布置，确定人与人、人与物、物与物之间的相对位置，以保证系统内部的人流、物流和信息流的通畅流动。

5.3.1　设施布局的意义和内容

设施布局的
意义和原则

生产运营的组织建立在一定的物质前提之下，如厂房、设备、运输工具和通道等。设施布局利用系统的理论和方法对运营系统的各个物质组成部分进行优化设计和安排，以达到以下目的：

（1）使物料搬运成本最小化。

（2）有效利用空间。

（3）有效利用员工的体力和智力。

（4）消除瓶颈环节。

（5）便于员工、管理者和用户之间信息沟通。

（6）缩短生产周期和顾客服务时间。

（7）减少浪费或不必要的物料和人员移动。

（8）有利于物料、产品和人员的进入、退出和摆放。

（9）有利于安全生产。

（10）有利于提高产品和服务的质量。

（11）方便正常的维修活动的展开。

（12）有利于作业和活动的可视控制。

（13）提高灵活性以适应变化。

运营系统布局应以最优的方式确定各个生产活动中心、各种设备和人员的具体位置，并决定运输或搬运物料最佳路线和距离以及员工进行生产活动的场所。良好的布局有助于保证生产的有序性，有利于降低生产成本和产出时间，最终达到提高工作效率和经济效益的目的，同时合理的设施布局也能为员工提供一个安全舒适的工作环境。

不但新建设施需要进行系统布局，对已有设施的改进也应进行合理化布局，以便改进和提高系统的效能。随着现代化工业的迅速发展，企业的生产经营活动日益复杂化，生产系统也因此更加复杂，必须以系统的观点去看待整个生产系统的布局。

5.3.2　设施布局应遵循的基本原则

设施布局对于一个系统的效率具有重要意义，在考虑布局的过程中应遵循以下一些基本原则：

1. 符合生产过程的要求

设施布局，特别是各工作中心和各种设备的布局应符合产品或服务的生产工艺过程的顺序，保证能合理安排生产作业，以便适合所采纳的生产组织形式。

2. 适应生产变化的需要

企业的生产经营活动是一个动态过程，生产系统的布局也必然处于发展变化之中。产品结构或加工方法一有改变，布局也要有相应的调整。一种好的布局应具有快速调整能力，以适应环境的变化。特别应注意公用工程（水、电、气等）的布局，空间应宽敞且易于接近，以便于未来的调整。

3. 整体协调

布局要有整体观念，生产系统布局应使得各个组成单元和运输路线的容量和流量符合一定的比例，物料流入和流出应该顺畅，单元之间的工作应该协调。

4. 有利于加强管理

良好的布局应有明确的路线，任何时候都不能把通道作为存放物品的场所，所有人员、设备和物料应尽可能置于明处，以增加可见性，便于员工识别，从而有利于优化管理。

5. 运输或搬运的优化

运输或搬运优化是指费用最低和效益最高。运输和搬运工作会增加成本，因此，有密切生产联系和协作关系的生产单位应尽可能相互靠近，辅助部门和生产服务部门应设在其主要服务的生产单位的附近，以保证最短的运输距离。物料搬运路线的布局必须适合货运的特点和周转量，要避免相互交叉、绕行和往返搬运，应尽量采用先进的运输方式，如传送带等，从而提高运输效益。

6. 空间的高效利用

运营系统是一个立体设施，作为原材料和在制品的移动储存空间，管道和传送设备可架设在不同高度的空间。有些工具或设备也可悬吊在天花板上，这样做的目的是减少对地面的占用。

7. 环境优美舒适

良好的工作环境能促进员工的身心健康，提高工作效率。总体布局必须认真考虑“三废”（废气、废水和废渣）的处理问题。工作地要有足够的照明和通风，尽可能减少噪声和振动。

8. 安全可靠

为了保证员工的人身安全，一切布置都应可靠，不应带来人身危害。为了保证财产和人身安全，有火灾隐患的场所必须配置防火设施。工作场所的设备设施应该摆放牢固可靠，不会因倾覆而造成人身伤害和物品设施损坏。

9. 设备布置合理

设备能力负荷合理，并与操作人员的数量搭配得当，使生产设备和人员的利用率高且稳定。各工序设备能力平衡，加工流程平顺，使工作地之间的在制品库存最少。设备应具有一定的柔性，以适应不同品种和数量的生产。

5.3.3 设施布局的基本类型

下面介绍几种基本的设施布局类型。

1. 工艺导向布局

工艺导向布局又称流程导向布局，是按在生产中所起作用的相似性来组织和安排部门设备和设施。对制造型企业而言，车间的布置就是按设备功能进行分组，将工艺上同类或相似性能的设备集中在同一固定地点，这种布局的特点是把相同的设备和设施集中摆放，其优点表现在以下方面：生产的产品品种变化适应力强，生产系统可靠性高，一台或几台设备出现故障也不会导致整个生产过程停止，工艺管理方便等。但由于完成整个生产过程需要跨越多个生产单位，其缺点表现在加工路线长、生产周期长、运输量大、运输成本高和组织管理工作复杂等，同时变换加工品种时需要重新调整设备，设备调整时间较长，生产效率较低。

2. 产品导向布局

产品导向布局又称为流水线式布置，是为生产某种产品而将工作中心和设备按产品加工装配的工艺路线以流水线形式安排，相同的加工件或装配件集中在一起，连续进行加工。这种布局通常采用高效专用设备，便于组织连续流水作业，可以缩短运输路线，减少运输费用，提高生产效率，缩短生产周期，简化管理工作。但是，产品导向布局对产品品种变化的适应性差，由于采用高效专用设备，设备的投资很大，生产线转型成本很高。产品导向布局的生产线流程通常较长，一个环节出问题就会影响到整个生产线的运行。

产品导向布局应注重场地利用效率和员工的工作配合，同时还应强调提升生产线的柔性。为了便于比较，表 5－2 总结了工艺导向布局和产品导向布局的特点。

表 5-2　　工艺导向布局和产品导向布局的特点比较

比较维度	工艺导向布局	产品导向布局
布局特点	相同设备设施集中摆放	按照产品的工艺顺序摆放设备设施
生产特点	间歇式生产，组装装配	连续性生产
产品产量	批量小或中等批量	大批量
产品品种	种类多	种类少，有时只有一个品种
产品需求	变动	稳定
所用设备	通用设备	专用设备
生产线投资	小或中等水平	投入大
工人技能	自动化程度低，工人多技能	自动化程度高，工人技能有限
库存	低产成品，高在制品	低在制品，高产成品
储存场地	小	大
物料搬运	变化线路（铲车）	固定线路（传送带）
布局目的	物料搬运成本最小化	生产线负荷平衡
布局优点	柔性好，适合多品种产品的生产	产品产量大

3. 定位式布局

定位式布局适用于产品不能移动的项目，通常要把物料、设备和人员运到固定产品所在的地点进行生产。如大型船舶建造等。

以上三种布局是最传统的布局形式。上述三种布局类型均有一定的局限性，各有优缺点。一般来说，较大规模的企业只用一种布局的很少，往往是三种布局综合使用。

4. 单元式布局

单元式布局是工艺导向布局与产品导向布局的混合形式，又称 U 形布局。该布局把加工工艺具有相似性的加工件视为一个族，将加工它们的设备按加工单元进行分组，又称为混合布局或群组式布局。不同族的加工件的加工流程按一个方向通过不同的加工单元，每一个加工单元相当于一个产品导向布局，它使得企业在没有固定产品标准的情况下，生产不同品种的产品而取得产品导向布局的经济效果。它又不同于产品导向的生产线布局，因为它使同类型的加工件经过一组设备而不是所有设备。这种布局的好处是：

（1）可以减少生产工序的准备时间；

（2）由于工作单元是产品导向布局，因此引进了其较好的技术经济特性，减低物料的搬运和在制品的存放；

（3）同一族零部件的加工次序明确，便于工作协调；

（4）减少了设备调整时间。

5.3.4　服务业中的常见布局

设施布局的基本类型虽然起源于制造业，但服务业也借鉴了制造业布局的理念，形成了适应自身商业模式的布局模式。以下介绍几种服务业常见的布局。

1. 综合性医院的布局

综合性医院的布局应该属于工艺导向布局。具体来说，医院以科室为单位，科室里的医疗设施设备应该集中摆放，做到医疗流线清晰。综合性医院的布局应该体现人性化和以人为本，这里的“人”包括病人、医护人员、医院的管理者以及陪护和探视人员等。患者在医院就诊时需在不同科室移动，布局的目标应该使患者在医院中的移动距离总体最短且便于患者无障碍移动，患者移动距离总体最短应该基于医院过去一段时间的统计分析，包括患者的就医情况统计和不同科室之间的距离测量等。在布局中，一定要避免出现“流线迷宫”，即患者在不同科室走动时的无效移动和多余移动。

2. 超级市场的布局

超级市场布局的目标是使单位营业面积产生更多的销售额。为了达到这个目标，超级市场的经营者必须研究消费者的购买习惯，分析不同商品的销售频率，合理布置不同商品的摆放区域，设计科学合理的消费者线路，使超级市场陈列的商品尽可能地呈现在顾客面前。有些超级市场的经营者设计消费者强制线路，把商品沿消费者强制线路摆放，使得所有的商品都暴露在消费者的面前。

超级市场的布局还需讲究灯光布置，合理设计照明强度，日本零售理论认为灯光亮度决定生意的好坏。另外，卖场的设施、色彩、气氛、POP 广告等也是吸引顾客的要点。除此之外，卖场的气味和通道的宽度等因素对销售额也有影响。

3. 零售店的布局

零售店主要有三种布局形式，即网格式布局、自由式布局和精品店式布局。

（1）网格式布局。网格式布局以矩阵网格安排柜台，通道是平行的，这种布局在超级市场和折扣店常见，该布局适合自选购物，容易控制客流量。网格式布局能够有效地利用销售空间。

（2）自由式布局。自由式布局采用不同形状和大小的柜台（货架）展示商品，创造一种轻松、友好的购物气氛，鼓励顾客更长时间逗留以增加销售机会。该布局空间利用率不高。

（3）精品店式布局。精品店式布局将店面划分成若干个相对独立的购物区，每一区域都有自己的主题，如在一个大店里布置一系列专卖店。

精品店式布局能够给顾客提供一个独特的购物环境，以展示其独特的形象。精品店式布局一般将商品布置得吸引人，互补商品放在一起展示以利于促销。

4. 办公室布局

办公室布局应该使得办公室员工便于沟通，有利于人员相互监督，空间利用合理，办公环境整洁美观，使员工能够在一个环境舒适的空间里工作，提高工作效率，这也是提高工作生活质量的要求。常见的办公室布局分为以下几种：

（1）封闭式小办公室布局。封闭式小办公室以 15 ~ 20 平方米多见，优点是各部门有独立的工作空间；缺点是联系不便，空间利用率不高。在封闭式办公室里，上司的办公室应靠里面，文员的办公室应紧靠上司办公室；打字、复印间应离上司办公室远一些，以免噪声干扰；接待室、会客室则应靠近楼梯口，客人进出比较方便。

每间办公室都应有办公家具和办公设备，布置时尽量利用墙边、墙角，中部尽量留出空间，以便行走、活动。三人以上的办公室，办公桌应朝同一个方向沿两边摆放，以免员工视线相对。上司单独用的办公室桌椅不必靠墙，而应面对门，方便注意来人进出。桌前应放一两把椅子，供客人谈话时坐。两边可放书橱或展品柜，沙发靠墙。

（2）开放式大办公室布局。开放式大办公室多为 100 ~ 200 平方米的大厅，中间或窗边留出走道，大部分空间隔成 3 ~ 4 平方米的个人工作区。

文员的工作区有自己的桌椅、橱和配套办公设备，隔板高约 1.5 米，办公室人员坐着相互看不见，避免干扰；站起来可以相互招呼。各工作区间距离较小，联系方便，也节省走路的时间和体力。上司办公室应置于最里边，用玻璃墙隔开，上司可以看到员工的工作状况，但不受声音的干扰。

开放式大办公室的优点是节省空间，空气流通，共同采光好，人员之间联系方便。但也有缺点，如大声谈笑会相互干扰。

（3）公寓式办公室布局。公寓式办公室布局常见于规模小的单位，如三五人的办事处、联络处等，往往租用公寓式办公室。一般将进门的客厅作为接待室或文员办公室，里间的卧室作为上司的办公室或会客室。

5. 会议室的布局

会议室的布局方式多种多样，要根据会议的形式和内容安排适当的方式。典型的会议室布局包括以下方式，

（1）将椅子摆放成半圆形，但不摆放桌子，这样可以使参会者注意力集中，但没有桌子的方式会使一些人感到不舒服。

（2）传统的会议桌布局，以主持人为中心，此布局弹性不足，不利于鼓励参会者发言。

（3）联合模式布局，即传统的会议桌布局结合小规模小组活动的椅子的模式。该布局较为灵活，会议期间可以随时变换阵型，但该模式要求会场空间较大，适合大型小组会议。

（4）V形模式布局，这种布局非常适合中型的小组会议，可为小组成员在会议中提供书写平台，而且便于跨小组讨论，但此布局占用空间较大。①

本章小结

本章主要讲述了运营系统的选址和布局内容。在选址内容部分，介绍了制造业和服务业厂址选择的程序和影响选址的因素，并讨论了几种常见的定性和定量的选址方法。

在布局的基本类型中，工艺导向和产品导向的布局是两种最重要的布局模式，其他很多布局都是源于这两种布局模式。

本章关键术语

设施选址、评分法、重心法、运输模型、设施布局、工艺导向布局、产品导向布局。

复习与思考

1. 工业企业选址决策的主要影响因素有哪些？
2. 服务业选址决策的主要影响因素有哪些？
3. 影响设施选址的因素有哪些？
4. 设施选址方案的评估方法有哪些？
5. 什么是工艺导向的布局？
6. 什么是产品导向的布局？

---

① 吴志奇、赵璋：《运营管理》，中国人民大学出版社2016年版，第120页。

第 6 章
项 目 管 理

本章要点

- ✧ 了解项目及项目管理的概念
- ✧ 掌握项目计划管理的内容
- ✧ 掌握项目排序管理的主要方法
- ✧ 掌握甘特图绘制方法
- ✧ 掌握关键路线的确认方法及时间计算
- ✧ 了解项目管理控制的主要内容

引导案例

老房子确定拆迁，为此王师傅购买了一套新房子，手里拿着120平方米新房的钥匙，王师傅心里却充满了忧愁，买房子已经欠下了一笔钱，新房是毛坯房，需要装修，为了能省点钱。王师傅不想以整体打包的形式装修新房，王师傅与家里商量了一下装修的规格，计划8万元做个简装修。省钱的代价必然是耽误工夫。筹款、找装修队、买装修材料、监工、买家具等都很费事！为了争取在旧房拆迁后能够立即入住。工期初步定为3个月，王师傅每天都盘算着如何既经济实惠，又按期装修完新房。

（资料来源：笔者编写）

6.1　项目管理

6.1.1　项目及项目管理

1. 项目的含义及特点

项目是指在特定的时间、预算、资源限定内，按照一定规范完成的一种独特而复杂的活动。美国项目管理协会对项目的定义是：项目是为创造独特的产品、服务或成果而进行的临时性工作。

在企业管理或现实生活中项目的表现形式多种多样，项目可以是建设一栋大楼、开发一套计算机系统、开发和推广一种新产品等，制造飞机、轮船或大型机器等活动，也可以是安排一个演出活动，策划一个聚会，主持一次会议等。项目包括许多制造和服务活动，其内容千差万别。但所有这些项目都具有以下特点。

（1）目标性。任何项目最终结果都要实现一定目标，其结果可能是一种期望的产品，也可能是一种所希望得到的服务。项目目标的制定通常要依照一定的工作范围、进度计划、成本和资源约束。

（2）多元性。项目由多个部分组成，需多方合作完成。如新产品的开发，需要由技术、工艺、制造、采购、财务等部门共同完成。

（3）新颖性。项目通常是为了追求某种新产物才组织的，一般很少或没有以往经验可借鉴。

（4）计划性。项目的可利用资源有明确的预算。

（5）时限性。有严格的时间限制。

（6）聚散性。项目组成人员来自不同专业、部门或组织，与项目同聚同散。

（7）排己性。项目产物的保全或扩展通常由项目以外人员进行。

（8）生命周期性。每个项目都有其生命周期，一般包括四个阶段：识别需求、提出方案、实施项目、结束项目。项目生命周期的长度从几星期到几年不等，依项目内容、复杂性和规模而定。

项目管理的概念

2. 项目管理

项目管理是基于一整套技术和方法，对项目进行有效的计划、评估和控制，以按时、按预算、依据规范达到理想的最终效果。项目管理是管理科学与工程学科的一个分支，是介于自然科学和社会科学的边缘学科。

我国古代的都江堰水利工程、万里长城、故宫古建筑群等，都是项目管理的成功实例，通常认为，现代的项目管理被认为始于美国曼哈顿计划，即美国陆军部于 1942 年 6 月开始实施利用核裂变反应来研制原子弹的计划，该工程集中了当时西方国家（除德国外）最优秀的核科学家，动员了 10 万多人参加这一工程，历时 3 年，耗资 20 亿美元，在工程执行过程中，负责人格罗夫斯和奥本海默应用系统工程的思路和方法，大大缩短了工程时间。

20 世纪 50 年代，在美国，以关键路线法（CPM）和计划评审技术（PERT）为代表的网络计划技术被提出，并在 60 年代得到应用。1950 ~ 1980 年，项目管理主要应用在美国国防建设部门和建筑公司。从 80 年代开始，项目管理的应用扩展到其他工业领域（行业），如制药、电信、软件开发等。项目管理是一种特别适用于那些责任重大、关系复杂、时间紧迫、资源有限的一次性任务的管理方法。

我国对项目管理的系统研究和实践起步较晚，20 世纪 80 年代后，我国项目管理体制首先在建设项目上有所突破。鲁布革水电站是利用世界银行贷款的项目，1984 年在国内第一次采用国际招标，推行项目管理，取得了明显的经济效益。

项目管理的主要内容有范围管理、时间管理、费用管理、质量管理、人力资源管理、风险管理、沟通管理、采购与合同管理和综合管理等。

3. 项目管理的目标

项目管理的主要目标通常涉及项目质量、项目费用和项目进度三个部分。

（1）项目质量。“百年大计，质量第一”，质量是项目的生命。一个高质量的大型工程项目福泽子孙，功在千秋；一个劣质工程贻误子孙，祸及后世。项目的质量管理贯穿全方位、全过程和全体人员。全方位是指项目的每一部分，每个子项目、子活动，每一件具体工作都要保证质量，才能确保整个工程的质量；全过程是指从提出项目任务、可行性研究、决策、设计、订货、施工、调试，到试运行、投产、达产整个生命周期，都要保证质量；全员是指参加项目建设的每一个人，上到最高领导者，下到普通员工，都要对本岗位的工作质量负责。

（2）项目费用。项目费用即项目预算所计划投入的资金，包括直接费用和间接费用。项目管理者需要合理组织项目施工，控制各项费用支出，使之不超出预算。

值得注意的是，项目寿命周期费用是项目费用的核心，它包括研发费用、建设费用和运行（使用）费用。一般而言，运行费用占大头，应该追求项目整体费用最低、而非某一单项费用最低。

（3）项目进度。项目进度管理即对项目工期的控制。项目完工期限一旦确定下来，项目管理者应该以此为目标，通过控制各项目活动的进度，确保整个项目按期完工。按程序、分阶段实施是大型项目进度管理的特点。

项目质量、项目费用和项目进度构成了项目管理的目标，但三者之间存在矛盾，在处理三者之间关系时，应该以项目质量为中心，通过优化统筹，实现三者之间的平衡。

6.1.2 项目管理的内容

项目管理的内容

美国项目管理协会的“项目管理知识体系”（PMBOK）把项目管理分为五大过程组和十大知识领域。五大过程组即启动过程组、规划过程组、执行过程组、监控过程组、收尾过程组。十大知识领域，即项目整合管理、项目范围管理、项目时间管理、项目成本管理、项目质量管理、项目人力资源管理、项目沟通管理、项目风险管理、项目采购管理、项目干系人管理。

1. 五大过程组

PMBOK 明确了五大过程组的具体含义。启动过程组是定义一个新项目或现有项目的一个新阶段，授权开始该项目或阶段的一组过程。规划过程组是明确项目范围，优化目标，为实现目标制订行动方案的一组过程。执行过程组是完成项目管理计划中确定的工作，以满足项目规范要求的一组过程。监控过程组是跟踪、审查和调整项目进展与绩效，识别必要的计划变更并启动相应变更的一组过程。收尾过程组是完结所有过程组的所有活动，正式结束项目或阶段的一组过程。

2. 十大知识领域

（1）项目整合管理。项目整合管理是为了协调项目的所有组成部分而进行的对各个过程的集成。其核心是在多个互相冲突的目标和方案之间做出权衡，以便满足项目利益相关者的要求。项目整合管理由制定项目章程、制订项目管理计划、指导与管理项目工作、监控项目工作、实施整体变更控制、结束项目或阶段六个过程组成。

（2）项目范围管理。项目范围管理是确保项目完成而且仅仅完成全部规定的任务，以最终达到项目目标的一个知识领域。其要点是在做什么与不做什么之间划清界限。基本内容是定义和控制列入或未列入项目的事项。项目范围管理包括规划范围管理、收集需求、定义范围、创建 WBS、确认范围、控制范围六个过程。

(3) 项目时间管理。项目时间管理是确保项目按时完成，包括规划进度管理、定义活动、排列活动顺序、估算活动资源，估算活动持续时间、制订进度计划、控制进度七个过程。

(4) 项目成本管理。项目成本管理是保证在批准的预算内完成项目，包括规划成本管理、估算成本、制定预算、控制成本四个过程。

(5) 项目质量管理。项目质量管理是保证项目能够满足原来设定的各种要求，包括规划质量管理、实施质量保证、控制质量三个过程。

(6) 项目人力资源管理。项目人力资源管理是保证最有效地使用项目参与者的能力，包括规划人力资源管理、组建项目团队、建设项目团队、管理项目团队四个过程。

(7) 项目沟通管理。项目沟通管理是保证及时、准确地提取、收集、传播、存储以及处理项目信息，包括规划沟通管理、管理沟通、控制沟通三个过程。

(8) 项目风险管理。项目风险管理是把有利事件的积极结果尽量扩大，而把不利事件的后果降低到最低程度，包括规划风险管理、识别风险、实施定性风险分析、实施定量风险分析、规划风险应对、控制风险六个过程。

(9) 项目采购管理。项目采购管理是保证从项目组织外部获取物资或服务，包括规划采购管理、实施采购、控制采购、结束采购四个过程。

(10) 项目干系人管理。项目干系人管理即识别、规划、管理、控制干系人参加项目管理，包括识别干系人、规划干系人管理、管理干系人参与、控制干系人参与四个过程。[①]

6.2 项目管理计划

项目管理计划

6.2.1 项目计划内容

项目管理首先要制订一个详尽的项目计划，以确定项目的范围、

① 马凤才:《运营管理》，机械工业出版社 2019 年版，第 299 页。

进度和费用。项目计划是最基本、最重要的功能之一。项目计划主要回答以下几个问题：

（1）什么（what），项目经理与项目团队应当完成哪些工作。

（2）怎样（how），如何完成这些工作。

（3）谁（who），确定承担工作分解结构中每项工作的具体人员。

（4）何时（when），确定各项工作何时开始，需要多长时间，需要哪些资源等。

（5）多少（how much），确定工作分解结构中每一项需要多少经费。

（6）哪里（where），确定各项工作在什么地方进行。

一般地，项目计划的步骤：需求分析、确定项目目标、任务分解、资源规划和作业计划。

1. 需求分析

需求分析就是明确市场对项目的需求和业主对项目的要求。项目的需求通常分为两类：基本需求和附加需求。

基本需求包括项目的范围、质量、成本、进度，即项目的四项核心内容。此外，法律法规方面的要求也属基本要求。质量、成本、进度三者是相互制约的。

附加需求是指对市场开辟、争取支持等方面的要求。如对环境影响、施工噪声等方面所提出的要求等。

2. 确定项目目标

项目目标就是实施项目所要达到的期望结果。确定项目目标的作用是明确项目以及项目团队共同努力的方向，产生一定的激励作用，为实施项目计划奠定基础。项目目标是评判项目是否成功的基准。确定项目目标必须遵从 SMART 原则，包括目标明确（specific）、可度量（measurable）、可实现（achievable）、成果驱动（result driven）、时间性（time）。

3. 任务分解

为了提高估算成本、时间和资源消耗的准确性，提供测量和控制执行情况的标准，便于明确职责和进行资源分配，将整个项目按照工作内容详细分解，分成独立的可衡量的活动。

工作分解结构（work breakdown structure，WBS）是一种将项目最终交付的硬件、软件或服务等成果，分解为各自组成要素，再将各组成要素（或子系统）一直分解到能够描述项目任务之间关系的数据结果，并对其编码的工具。WBS 是预算、作业计划、工作说明书及可行性分析的基础。图 6－1 为典型的工作分解方法。

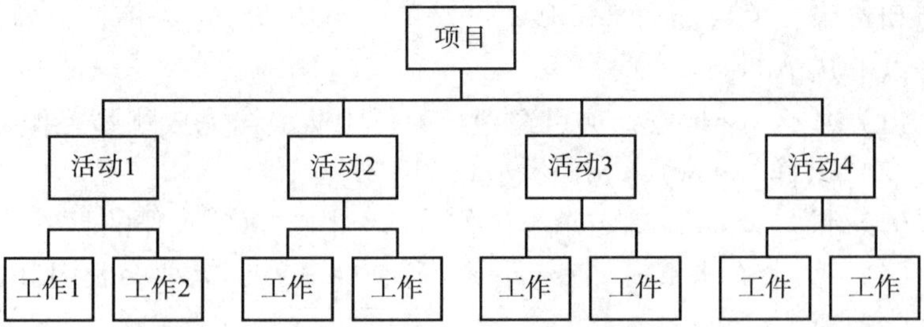

图 6－1　典型的工作分解方法

4. 资源规划

资源规划就是确定实施项目活动需要哪些有形资源（人力、设备、材料）以及每种资源需要多少的活动。资源包括自然和人造资源、内部和外部资源、有形和无形资源。

5. 作业计划

作业计划是确保按期完成项目的重要依据。作业计划主要包括工作说明、确定活动顺序、任务和责任分派，项目预算和成本估算等。

（1）工作说明。工作说明是对需要进行的每项工作的一个精确说明，要说明的各项工作在 WBS 中都有一个确定的编码。工作说明是分派任务和责任的依据。工作说明的内容包括任务描述，该任务的结果和可交付成果的形式，完成该任务应参照的标准、指南程序以及有关文件，完成该任务的各种投入等。

（2）确定活动顺序。根据工作组合关系、产品结构、拥有的资源（设备、人员等）以及管理目标，确定组成项目的各项活动的先后顺序。

（3）任务和责任分派。任务和责任分派是将规定的任务要求，分派给组织中的部门或个人。任务和责任的分派结果是任务矩阵。

（4）项目预算和成本估算。成本估算是预算的基础，项目预算对于控制资源投入和取得预期的项目收益至关重要。

项目预算首先确定整个项目的成本目标，然后在 WBS 基础上确定有关人力、材料、差旅等事项的预算目标。

6.2.2　甘特图

甘特图又称横道图、条状图。甘特图是项目管理的一个具体应用，即以图示的方式通过活动列表和时间刻度形象地表示出任何特定项目的活动顺序与持续时间。甘特图是一个二维图，横轴表示时间，纵轴表示活动或工作，横道表示在整个期间内的活动计划和实际的活动完成情况。它直观地表明每一个活动在什么时候进行，及实际进展与计划要求的对比。甘特图可直观地展示一项活动或工作状况，便于管理者评估工作进度。物流中心项目推进甘特图，如图6－2所示。

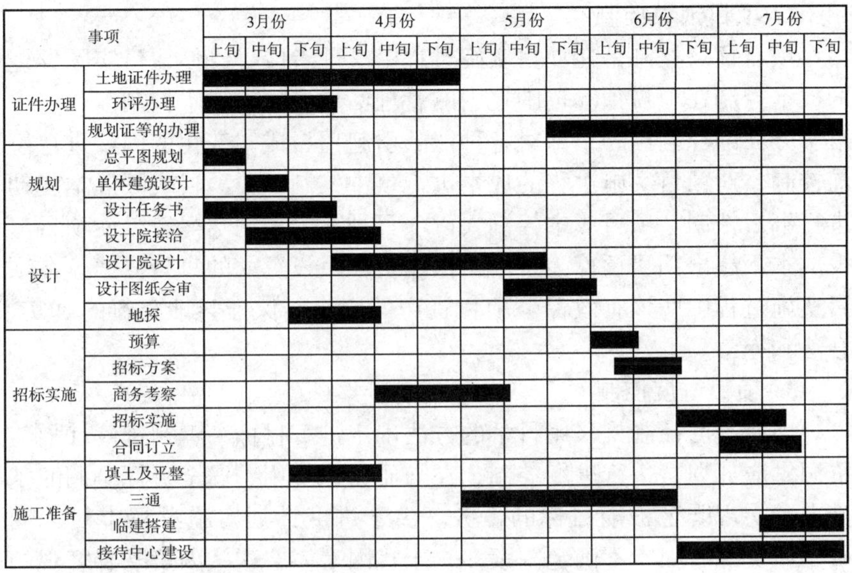

图6－2 物流中心项目推进甘特图

6.3 项目管理控制

项目管理控制是指在项目管理中，根据项目进展的信息，对比项目的既定目标，找出偏差，分析成因，研究纠偏对策，实施纠偏措施的全过程。项目管理控制是项目实施过程中的必备环节，它是为了实现项目目标而进行的动态管理监督过程。

6.3.1 项目管理控制的内涵

通常项目管理控制涉及项目质量控制、项目预算控制和项目进度控制三个部分。

1. 项目质量控制

项目质量控制是指对于项目质量实施情况的监督和管理。这项工作的主要内容包括项目质量实际情况的度量，项目质量实际与项目质量标准的比较，项目质量误差与问题的确认，项目质量问题的原因分析和采取纠偏措施以消除项目质量差距与问题等一系列活动。项目质量控制活动是一项贯穿项目全过程的项目质量管理工作。

2. 项目预算控制

项目预算控制是在项目实施过程中管理者应尽量使项目实际发生的成本控制在项目预算范围之内的管理活动。项目成本控制涉及以下三个方面的控制活动，即对各种能够引起项目成本变化的因素进行事前控制，对项目实施过程的成本进行事中控制，对项目实际成本变动进行事后控制。项目成本控制要以项目预算为控制准绳，以使项目建设成本不超出项目预算为目的，不浪费项目投资人的每一分钱。在项目实施过程中应该有效保障项目资产的安全，保证会计资料的真实、合法和完整。

3. 项目进度控制

项目进度控制是采用科学的方法确定进度目标，编制进度计划与资源供应计划，进行进度控制，在与质量、费用、安全目标协调的基础上，实现既定工期目标的任务。由于进度计划实施过程中目标明确，而资源有限，不确定因素多，干扰因素多，这些因素既有客观的也有主观的，主客观条件不断变化，计划也随着改变，因此，在项目施工过程中必须不断掌握计划的实施状况，并将实际情况与计划进行对比分析，必要时采取有效措施，使项目进度按预定的目标进行，确保目标的实现。进度控制管理是动态的和全过程的管理，其主要方法是规划、控制和协调。

6.3.2 关键路线法

关键路线法由兰德公司的克里和杜邦公司的沃克在 1957 年提出，用于对杜邦公司化工厂的生产设备进行检修日程安排。关键路线法通过分析项目过程中诸项活动序列进度安排的总时差最少来预测项目工期，用网络图表示各项工作之间的相互关系，找出控制工期的关键路线，从而在一定工期、成本、资源条件下获得最佳的计划安排，以达到缩短工期、提高工效、降低成本的目的。

关键路线法采用单一时间估计法。项目中各项活动的时间是确定的，这种方法适用于成熟的项目工程，即该类项目过去有过多次重复建设或施工的经验，且项目管理方积累了大量该类项目施工进展的相关数据。

6.3.3　绘制网络图的原则及方法

项目管理的诸项工作是以网络图为基础展开的，因此绘制网络图是项目管理的重要基础工作。以下介绍常见的两种网络图的绘制方法。

（1）AON 网络图与 AOA 网络图。常见的网络图有 AON 网络图与 AOA 网络图两种，前者是以节点表示活动，以箭线表示前一个活动的结束或后一个活动的开始；后者是以箭线表示活动，以节点表示前一个活动的结束或后一个活动的开始。图 6－3 表明了相同逻辑关系下的 AON 网络图与 AOA 网络图的表达逻辑，AON 网络图与 AOA 网络图逻辑是一致的。

	AON 网络图表达	活动含义	AOA 网络图表达
(a)	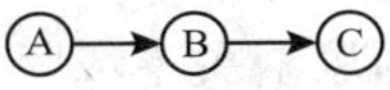	A 活动为 B 活动的紧前活动，B 活动为 C 活动的紧前活动	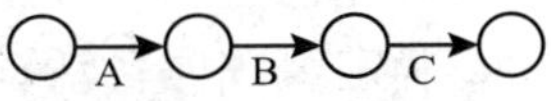
(b)	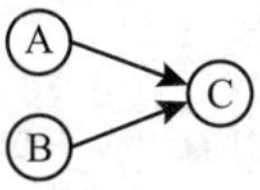	A，B 活动均完成后，C 活动才能开始	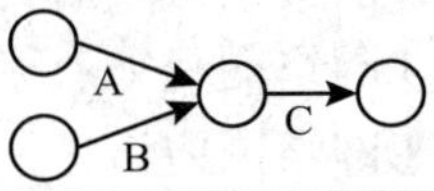
(c)	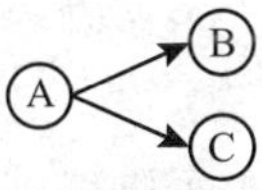	A 活动完成后，B，C 活动才能开始	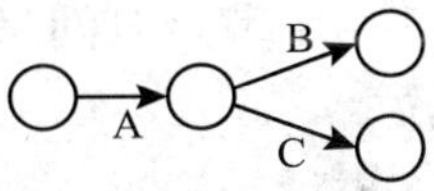
(d)	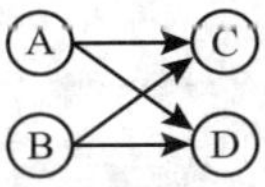	A，B 活动均完成后，C，D 活动才能开始	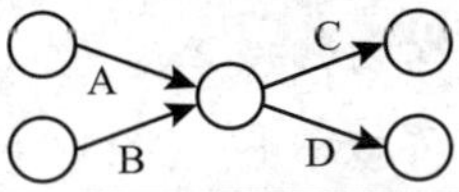
(e)	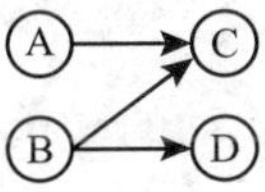	A，B 活动均完成后，C 活动才能开始；B 活动完成后，D 活动才能开始。AOA 图中需要加入一个虚活动	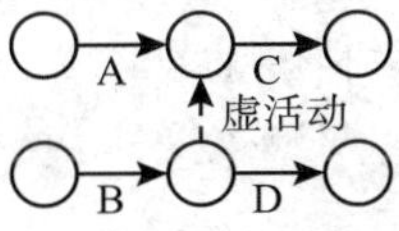
(f)	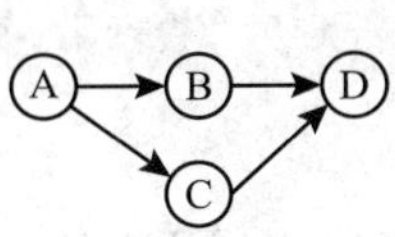	A 活动完成后，B，C 活动才能开始；B，C 活动均完成后，D 活动才能开始。AOA 图中需要加入一个虚活动	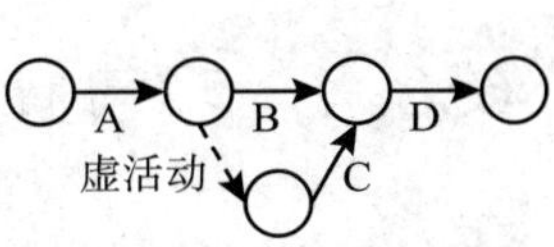

图 6－3　AON 网络图与 AOA 网络图的表达逻辑

资料来源：吴志奇：《运营管理》，中国人民大学出版社 2016 年版，第 12 页。

下面以图 6－4 为例说明 AOA 网络图的逻辑。在图 6－4 中，活动 A 与 B 同时开工，活动 C 和 D 在活动 A 完工之后才能开工，而活动 E 必须在活动 B 和 C 同时完工后才能开工，活动 D 和 E 同时完工后整个项目才能完工结束。

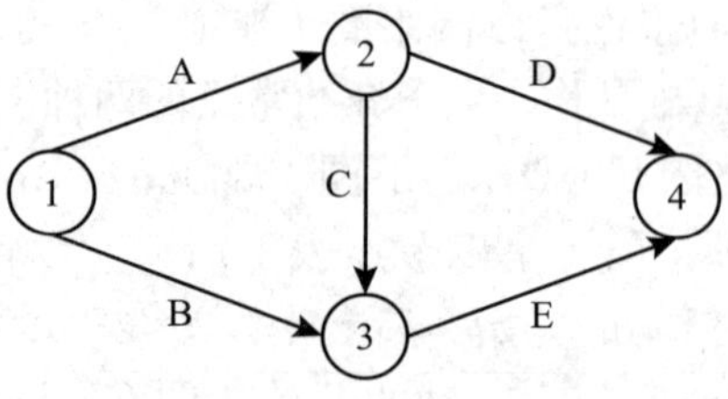

图 6－4　AOA 网络图例

资料来源：吴志奇：《运营管理》，中国人民大学出版社 2016 年版，第 42 页。

（2）绘制 AON 网络图和 AOA 网络图的原则。绘制 AON 网络图和 AOA 网络图应该遵循以下八项原则：

①首先，绘制网络图之前应该完成项目的工作分解。

②确定组成项目活动的先后逻辑关系，包括紧前关系或紧后关系，紧前关系或紧后关系只需具备一个。

③网络图只能有一个开头和一个结尾。

④网络图应该遵循从左至右的绘制方向，不可以从右至左绘制。

⑤两个节点之间只能有一个活动，且每个活动只能在网络图中出现一次。

⑥虚活动表示活动之间的逻辑关系，虚活动不需要执行，也不会消耗任何资源。

⑦AON 网络图中不会出现虚活动，AOA 网络图中根据诸项活动的逻辑关系可能会出现虚活动，虚活动要根据需要绘制，若无必要则不必绘制虚活动。

⑧AON 网络图或 AOA 网络图应该完全与已知活动的紧前关系或紧后关系相吻合。

6.3.4　项目赶工管理

项目赶工是项目进度控制的重要内容，它以缩短项目工期为目的，通过一系列措施，包括增加人财物等资源投入、改变施工方法、改变施工顺序等方法，以达到压缩项目进度的结果。

项目赶工需遵循以下三个原则：

（1）着眼于构成项目关键路线上的活动，将这些活动作为增加资源投入的备选活动。

（2）将资源投入到以上备选活动中的压缩单位时间且花费少的活动上。

（3）采用逐次压缩的原则，即每次只压缩一个时间单位，直至完成预定的压缩工期目的。网络图被压缩一个时间单位后，需要重新确认关键路线，因为网络图被压缩一个时间单位后关键路线很有可能发生漂移，因此需要逐次实施压缩，而不可一次压缩工期到位。

基本思路是通过压缩关键活动的活动时间来得到不同方案的总费用、总工期，从中进行比较，选出最优方案。其步骤如下：

①绘制网络图。

②找出关键路线，计算工期。

③计算正常时间的成本，即不赶工的情况下，总的直接成本与间接成本之和。

④计算网络计划中各项活动的成本斜率

成本斜率＝(赶工成本－正常成本)/(正常时间－赶工时间)

⑤选取关键路线上成本斜率最低的活动作为赶工对象进行赶工，在压缩工期时，确保本活动所在路线仍为关键路线。

⑥寻找新的关键路线，并计算赶工后的工期。

⑦计算赶工后的总成本，赶工后的总成本等于直接成本、间接成本与赶工成本之和。

⑧重复以下步骤，计算各种改进方案的成本。

⑨确定总成本最低的工期。

6.3.5 时间——资源优化

时间——资源优化就是寻求工期与资源的最佳结合。资源包括人力、物力以及财力。资源是影响项目进度的主要因素。在一定条件下，增加投入的资源，可以加快项目进度，缩短工期；减少资源，则会延缓项目进度，拉长工期。资源利用得好，分配合理，就能带来好的经济效益。下面分两种情况来说明时间——资源的优化。

（1）资源一定，寻求工期最短。主要途径有：缩短关键路线上活动的活动时间；采取组织措施，关键路线活动交叉作业；利用时差，从非关键活动抽调资源用于关键活动。

（2）在工期一定的条件下，通过平衡资源，求得工期与资源的最佳结合。制订网络计划时，对资源平衡的要求是：按规定工期和工作量，计算所需资源，做出日程安排；将资源优先分配给关键路线活动，并尽量均衡、连续投入；充分利用时差，错开非关键活动的开工时间，以避开资源需求高峰；必要时调整工期，以保证资源的合理利用。

对于有限资源约束条件下的日程安排是一项十分复杂的问题。由于项目涉及资源众多，一般采用启发式算法，找到较优方案。

本章小结

本章从项目管理的计划、排序和控制三个层面对项目管理展开描述。项目计划包括明确项目目标，确定项目资源，进行项目分解，构建项目管理团队，形成项目管理组织；项目排序是项目管理核心内容，包括确定组成项目的各项活动的时间参数，构建项目网络图，确定网络图中关键路线；项目控制包括对项目的进度、成本和质量的管控，本章重点讲述对项目进度的控制原则及方法。

本章关键术语

项目、项目管理、矩阵式组织、工作分解、甘特图、赶工原则。

复习与思考

1. 项目及项目管理的概念？
2. 项目管理的目标有哪些？
3. 项目管理的常见组织形式及特点？
4. 为什么要进行项目的工作分解？
5. AOA 网络图的绘制原则？
6. 项目赶工的原则及方法？

第7章 作业计划

本章要点

- ✧ 了解作业计划的概念和重要性
- ✧ 了解企业计划的三个层次及其相应内容
- ✧ 了解作业计划的内容与主要指标
- ✧ 了解作业计划的编制步骤
- ✧ 掌握综合作业计划的编制过程
- ✧ 掌握常见排序的优先调度法则
- ✧ 掌握人员循环排班的计划制定方法

引导案例

大学课程排课涉及班级、课程、教师、教室、时段几个因素。试想同一个班级会有不同的课程，同一门课程可由不同的教师来授课，而且可以安排在不同的教室，在不同的时段来进行。

胡老师至今还记得上学期“战略管理”的第二堂课发生的事。“战略管理”第一堂课是周一上午8：30开始，排在了逸夫楼301，第二堂课是周三下午14：00开始，排在了教学楼301。在逸夫楼上完第一堂课后，上第二堂课时，胡老师没多想又来到了逸夫楼，眼看着13：55，还不见一个学生来上课。胡老师这才意识到周三的课可能在教学楼上课。等胡老师气喘吁吁跑到教学楼，还没把电脑柜打开，上课铃声就响了，真是有惊无险。

（资料来源：马风才：《运营管理》，机械工业出版社2019年版，第273页）

7.1 作业计划概述

作业计划是指按照事先计划来管理企业的生产经营活动。作业计划管理包括计划的编制、执行、检查和改进四个阶段。作业计划管理不仅仅是计划部门的工作，还包括企业运营活动的各个方面，如生产、技术、劳动力、供应、销售、设备、财务和成本等。所有其他部门都要通过以上四个阶段来实行计划管理。

作业计划工作是指具体编制过程，它将通过一系列综合平衡工作，完成作业计划的任务。企业设计作业计划系统的目的就是要通过不断提高作业计划工作水平，提供产品和服务，同时还要降低成本、节约时间和提高质量等。一个科学合理的作业计划必须具备以下三个特征：

（1）充分利用企业产能，满足市场需求。

（2）科学合理地组合各项企业资源，实现生产成本最低。

（3）有效调度分配各种生产资源，最大限度地减少生产资源的浪费和闲置。

企业计划的层次

7.1.1 企业计划的层次

企业里的诸多计划一般可以分成战略层计划、战术层计划与作业层计划三个层次。三个层次的计划有不同的特点，从战略层到作业层，分别对应从高到低的管理层次，计划期由长到短，计划的时间单位越来越细，覆盖的空间范围越来越小，计划的内容越来越详细，计划的不确定性越来越小。这三个层次的企业计划的特点如下：

1. 战略层计划

战略层计划又称长期作业计划，其时间跨度在 5 年以上。它的主要任务是进行产品决策、生产能力决策以及确立何种竞争优势的决策。涉及产品发展方向、生产发展规模、技术发展水平、新生产设施的建造等。

2. 战术层计划

战术层计划又称中期作业计划，一般为一年，所以又称之为年度作业计划。它的主要任务是在正确预测市场需求的基础上，对企业在计划年度内的运营任务做出统筹安排，设定企业的产品品种、质量、数量和进度等指标。充分利用现有资源和生产能力，尽可能满足市场需求和获取利润。

中期作业计划是根据市场需求预测制定的，它的决策变量主要是生产率、人力规模和库存水平。其目标是如何充分利用生产能力，满足预测的用户需求，同时使生产招尽量均衡稳定，控制库存水平并使总生产成本尽可能低。对于连续生产型企业，中期作业计划的作用非常关键。而对于间歇式重复性批量生产的企业，由于生产能力的定义随产品结构的变化而改变，难以在制定中期计划时准确核定，中期作业计划只能起到一种指导作用。这类企业作业计划的重点是短期生产作业计划。对于实行流水生产和接近流水生产性质的加工装配企业来说，中期计划同样起着主要的作用。

3. 作业层计划

作业层计划又称短期生产作业计划，或称生产作业计划。生产作业计划时间跨度很短，一般以天或小时为时间单位，因其时间跨度很短，生产作业计划的内容大多有非常具体的细节。它的任务主要是直接依据用户的订单，合理安排生产活动的每一个环节，使之紧密衔接，以确保按用户要求的质量、数量和交货期交货。

由表7－1可以看出，从战略层到作业层，计划期越来越短，计划的时间单位越来越细，覆盖的空间范围越来越小，计划内容越来越详细，计划中的不确定性越来越小。

表7－1　不同层次计划的特点

项目	战略层计划	战术层计划	作业层计划
计划期	长（≥5年）	中（1年）	短（月、旬、周）
计划的时间单位	粗（年）	中（月、季）	细（工作日、班次、小时、分钟）
空间范围	企业、公司	工厂	车间、工段、班组
详细程度	高度综合	综合	详细
不确定性	高	中	低
管理层次	企业高层领导	中层，部门领导	低层，车间领导
特点	涉及资源获取	资源利用	日常活动处理

可以看出，规划好企业战略层计划是企业高层领导的主要任务；战术层计划是企业中层管理者主要负责的工作：作业层计划是各种具体的职能计划，是基层管理者的工作重点。

7.1.2 作业计划的主要指标

为了生产出符合市场需要和顾客要求的产品和服务，作业计划需要确定什么时候生产、在哪个车间生产以及如何生产。企业的作业计划是根据销售计划制定的，它也是企业制定物资供应计划、设备管理计划和生产作业计划的主要依据。

作业计划工作的主要内容包括：调查和预测社会对产品的需求，核定企业的生产能力，确定目标、制定策略、选择计划方法，正确制定作业计划、库存计划、生产进度计划和计划工作程序，以及计划的实施与控制工作。作业计划的主要指标有：品种指标、质量指标、产量指标、产值指标和出产期。

（1）品种指标。指企业在品种方面满足社会需要的程度，也反映企业专业化协作水平、技术水平和管理水平。

（2）质量指标。产品质量指标通常指企业在计划期内，各种产品应达到的质量标准。

（3）产量指标。产品产量指标通常指企业在计划期内应当生产的合格产品的实物数量。产量指标反映企业在一定时期内向社会提供的使用价值的数量，以及企业生产发展水平。

（4）产值指标。产值指标就是用货币表示的产量指标。产值指标可分为总产值、商品产值和工业增加值三种形式。

（5）出产期。是为了保证按期交货而确定的产品出产期限。

上述各项计划指标的关系十分密切。企业在编制作业计划时，应当首先安排落实产品的品种、质量与产量指标，然后据以计算产值指标。

7.2 作业计划及作业排序

7.2.1 作业计划要解决的问题

作业计划就是把企业的作业任务分解为短期的具体任务，规定每个环节（如车间、工段、生产线和工作站），每个单位时间（周、日、班或小时）的具体任务，并组织计划的实施。作业计划的目标不仅在于安排并完成作业任务，而且要使每个作业环节达到均衡，进而全面完成各项技术经济指标。生产类型不同，作业计划要解决的问题的侧重点也不同。

1. 大量生产系统的作业计划

大量生产系统的产品如汽车、家用电器、玩具等、自助餐等。大量生产系统采用的是标准化的设备，实行了高度专业化的劳动分工。

大量生产系统一般采用流水生产线，其核心是生产线平衡，大量生产系统也有进度安排问题。为了使生产线连续流畅地进行，应最小化设备的调整时间，最小化在制品库存，应做好以下六项工作：

（1）最优化产品组合。利用线性规划等技术确定最佳产出组合，使转换时间最短，制造成本最低。

（2）采取预防性维修制度。把设备维持在最佳运行状态，使作业流中断次数降到最小。

（3）授权。把尽可能多的权力下放到一线工人，以快速消除故障。例如，在海底捞的每个门店，当发现任何问题，任何员工都有权利和义务处理。

（4）把质量问题降到最小。生产线上一旦出现质量问题，不但产品不合格或必须降级理，还浪费了材料、工时、动力等资源。

（5）资材供应的精益化。一种有效的方式是对不同的资材采取不同的供应策略。

（6）多面手的培养与使用。在生产线使用一些多面手不但可以减少工人数量，而且可以更灵活地应对需求的波动。

2. 成批生产系统的作业计划

成批生产系统的产品如印刷品、罐头食品、日化产品、颜料等。在服务业中的典型例子是会务服务。成批生产系统的产量比大量生产系统的低，比单件小批生产系统的高，间歇性轮番主产更为经济。这种生产类型的作业计划的核心是如何更经济地从一项作业转换到另一项作业，即如何确定每一种产品的生产批量，经济生产批量模型为这种生产方式找到了有效的解决方案。

此外，模块化设计与制造、作业排序、离线备料是成批生产系统作业计划与生产控制的有效手段。

3. 单件小批生产系统的作业计划

单件小批生产系统的产品如定制化的服装、非标配件等。单件小批生产系统的产品品种、数量和交货时间都不稳定，产量少、很少重复生产，生产的数量完全取决于订单需求。

单件小批生产系统作业计划要解决的主要问题有两个：任务指派

和作业排序。以下介绍任务指派，作业排序将设专题讨论。实际中，一般先进行任务指派，然后进行作业排序。

任务指派可以分为有限能力载荷和无限能力载荷。有限能力载荷是指分配给作业中心任务不能超过该作业中心能力的限制；无限能力载荷是指分配给作业中心任务时不考虑作业中心的能力限制。

作业排序

7.2.2 排序问题描述

排序就是确定各个作业在作业中心的处理顺序。所以，单件小批生产系统的作业计划就是排序问题。在服务业中也涉及排序问题，例如，大学里的排课就是典型的服务业排序问题，要把班级、课程、教师、教室和时段全部确定下来。

1. 排序的目标和任务

排序的目标主要有以下几个：

①满足顾客或下一道工序的交货期要求。

②流程时间最短，即各项作业在加工过程中所消耗的时间最少。

③准备时间最短或成本最小。

④在制品库存最低。

由于实际原因，上述目标往往不能同时达到。

排序要完成的任务有：

①分配作业、机器、人员到作业中心或者其他特定地点。

②决定作业执行的顺序。

2. 排序准则

为了得到所希望的排序方案，人们提出了很多排序准则。在实际中常用的有以下几种。

（1）先到先服务（first come first served，FCFS）准则。优先选择最早进入可排序列的作业，也就是按照作业到达的先后顺序进行加工。

（2）最短作业时间（shortest processing time，SPT）优先准则。优先选择作业时间最短作业。

（3）交货期最早（earliest due date，EDD）优先准则。优先选择完工期限最紧的作业。

（4）最短松弛时间（shores slack time，SST）优先准则。优先选择松弛时间最短的作业。所谓松弛时间，是指当前时点距离交货期的剩余时间与工件剩余加工时间之差。

（5）最长剩余作业时间（most work remaining，MWKR）优先准

则。优先选择余下作业间最长的作业。

（6）最短剩余作业时间（least work remaining，LWKR）优先准则。优先选择余下作业时间最短的作业。

（7）最多剩余作业数（most operations remaining，MOPNR）优先准则。优先选择余下作业数最多的工件。

（8）最小临界比（smallest critical ratio，SCR）优先准则。优先选择临界比最小的作业。所谓临界比，是指作业允许停留时间与余下作业时间之比。

（9）随机（random）准则。随机地挑选出一项作业。

这些排序准则各具特色。FCPS 准则适用于服务业的排队。按 SPT 准则可使作业的平均流程时间最短，从而减少在制品量。EDD 准则、SCR 准则及 SST 准则可使作业延误时间最小。

MWKR 准则使不同工作量的作业的完工时间尽量接近。LWKR 准则使工作量小的作业尽快完成。

MOPNR 准则与 MWKR 准则类似，但更多地考虑了作业在不同作业中心上的转运排队时间。

3. 排序问题的分类

排序问题有不同的分类方法。最常用的分类方法是按机器、零件和目标函数的特征分类。按机器的种类和数量不同，可以分成单台机器的排序问题和多台机器的排序问题。对于多台机器的排序问题，按零件加工路线的特征，可以分成单件作业排序问题和流水作业排序问题。零件的加工路线不同是单件作业排序问题的基本特征；而所有零件的加工路线完全相同，则是流水作业排序问题的基本特征。按零件到达车间的情况不同，可以分成静态的排序问题和动态的排序问题。当进行排序时，所有零件都已到达，可以一次对它们进行排序，这是静态的排序问题；若零件是陆续到达，要随时安排它们的加工顺序，这是动态的排序问题。按目标函数的性质不同，也可划分不同的排序问题。譬如，同是单台机器的排序，使平均流程时间最短和使误期完工零件数最少实质上是两种不同的排序问题。按目标函数的情况，还可以划分为单目标排序问题与多目标排序问题。另外，按参数的性质，可以划分为确定型排序问题与随机型排序问题。所谓确定型排序问题，指加工时间和其他有关参数是已知确定的量；而随机型排序问题的加工时间和有关参数为随机变量。这两种排序问题的解法本质上不同。因此，由机器、零件和目标函数的不同特征以及其他因素上的差别，构成了多种多样的排序问题。

4. 排序问题的基本假设条件

为了便于分析研究，建立数学模型，必须对排序问题给出一些假设条件。下面给出六个最基本的假设条件。

（1）一项作业不能同时在几个作业中心加工。

（2）作业在加工过程中采取平行移动方式，即当上一个作业中心加工完后，立即送到下一个作业中心加工。

（3）不允许中断。一项作业一旦开始加工，必须一直进行到完工，不得中途停止插入其他作业。

（4）每个作业过程只在一个作业中心完成。

（5）作业数、作业中心数和加工时间已知，作业时间与加工顺序无关。

（6）每个作业中心同时只能加工一项作业。

此外，在考虑排序问题时，假定作业中心数有限，劳动力充足，不考虑由于劳动力缺少而使作业中心无法运转的现象。①

7.3 服务业的作业计划

7.3.1 影响服务业作业计划的因素

服务的特殊性决定了服务作业计划与制造业作业计划有很大的差异。影响服务作业计划的主要因素有两大类：服务的易逝性；顾客参与服务过程。

1. 服务的易逝性对服务作业计划的影响

服务的易逝性对服务作业计划的影响体现在以下两个方面。

（1）计划内容。在服务业中，作业计划要规定服务交易的时间或地点；而制造业中，作业排序仅涉及产品的生产加工过程。

（2）人员规模。因服务的易逝性，加之顾客的到达及服务时间都是随机的，所以服务的输出与劳动力的最佳规模之间的关系很难确定；而在制造业中，两者之间有紧密联系，因此可通过计算寻求最优作业排序方案。

① 马风才：《运营管理》，机械工业出版社 2019 年版，第 277 页。

2. 顾客参与服务过程对服务作业计划的影响

顾客参与服务过程对服务作业计划的影响体现在以下三个方面。

（1）因顾客的参与使得服务系统难以实现标准化，这在一定程度上影响了服务效率。

（2）有时为了满足顾客心理需求，需要服务人员与之交谈，这就增加了控制服务时间的难度。

（3）对服务的评价往往是基于主观判断的。由于服务是无形的、服务质量与顾客感觉有关，不准确的评价信息反馈影响员工的工作积极性，甚至影响服务质量的进一步提高。

7.3.2 制订服务作业计划的方法

制订服务作业计划的方法

1. 服务运营策略

为使服务的易逝性及顾客参与服务过程的影响达到最小，通常采取以下两种策略。

（1）在顾客需求调查的基础上，提供模块化的服务产品，如饭店的菜单或快餐店的食品。

（2）将部分作业与顾客分离。例如，宾馆的服务员总是在顾客不在时才清扫房间，以做到互不干扰。再如，饭店总是设置前台和后台，以减少顾客不必要的参与。

2. 服务作业计划

针对不同类型的企业，应采用不同的制订服务作业计划的方法。一般来说，制订服务作业计划有两种基本的方法：将顾客需求分配到服务能力的不同时段内，即安排顾客需求；将服务人员安排到顾客需求的不同时间段内，即安排服务人员。

（1）安排顾客需求。安排顾客需求就是根据不同时间可利用的服务能力来对顾客排序。在这种方式下，服务力保持一定，而适当地安排顾客的需求，以提供准时服务和充分利用能力。实际上常用的方法有三种：预约、预订和排队等候。

①预约。通过预约给予顾客特定的服务时间。这种方法的优点是能为顾客提供及时的服务并提高服务系统和服务人员的效率。医生和律师是使用预约系统提供服务的典型例子。

用这种方法时应注意设计好预约时间，否则当顾客到达后等待时间过长时，会导致顾客不耐烦。同时，还要制订好顾客迟到或没有赴约的预案。

②预订。预订系统类似于预约系统，但它通常应用于顾客接受服

务时需占据或使用相应的服务设施的情况，如酒店、飞机经常使用预订系统。预订系统的主要优点在于：给予服务管理者一定的提前期来做出服务计划，以充分利用服务设施。而且，预订时通常要求顾客付一定数额的抵押金，这样可减少毁约的发生。

③排队等候。由于顾客到达的随机性与服务时间的随机性，即使服务能力再充分的系统也会出现排队现象。

（2）安排服务人员。安排服务人员就是将服务人员安排到顾客需求的不同时间段内。它是通过适当安排服务人员来调整服务能力，以满足不同时间段内的不同服务要求。这种方式通常用于需要快速回应顾客的需求，且需求总量可以预测的情况。采用这种方式的典型例子有：邮局营业员、护士、警察、商场营业人员、公交汽车的司售人员的工作日以及休息日的安排。

一般说来，类似于制造业企业的作业计划，服务业企业也要首先制订全年、每个月以至每周的人员需求计划，在此基础上，通过作业排序方法把人员计划转换成每个人的日常轮班。

下面介绍一种安排服务人员的方法，它可以保证在满足需要的前提下，使每位员工都能连续两天休班。这种方法的具体步骤如下。

①确定需求。明确一个周期内，每天需要的员工数量。这里的周期可以是1周，也可是1天或10天，还可以是1个月。

②找数组。在一个周期内，把相邻的两个数看作一个数组。找到这样的数组：其中大的那个数不会超过其他任意一个数组中大的数。如果有不止一个这样的数组，就选择数组两个数之和最小的那个数组。如果数组中两个数之和也相等，就随机选择一个数组。不妨把选中的数组称为小数组。

③确定休班日期。就每一个员工，让其在剩余需求数中的小数组对应的两天休班。

④更新需求员工的人数。安排完一名员工休班后，将没安排休班的日期对应的需求量减掉1，即是新的人员需求量。

依此类推，直至把全部员工的休班时间都确定下来为止。[①]

本章小结

作业计划完成始于作业计划的制订。计划是管理的首要职能，没有计划，企业的一切活动都会陷入混乱。现代企业生产运营的内部分工细致，协作严密，因此需要一个统一的计划来指挥企业的各项生产

① 马风才：《运营管理》，机械工业出版社2019年版，第286页。

活动，这一切都有赖于科学合理的作业计划和作业计划的制订。

本章关键术语

作业计划、最短作业时间、交货期最早优先准则、最短松弛时间、最长剩余作业时间、最短剩余作业时间、服务作业计划、人员循环。

复习与思考

1. 如何对作业计划进行分类？
2. 制订作业计划需要哪些信息？
3. 作业计划关注哪些内容？
4. 服务业的作业计划有什么不同？

第 8 章
库 存 管 理

本章要点

- ✧ 了解库存的概念、功能和分类
- ✧ 了解库存控制系统的结构和决策要素
- ✧ 掌握库存的主要成本构成
- ✧ 掌握库存管理的 ABC 方法
- ✧ 掌握库存控制基本模型

引导案例

零售业的剧透沃尔玛通过强大的信息系统中将现金周转率控制到 30 天左右，国内连锁零售巨头苏宁和国美控制到 40 天左右，而京东商城可控制到 10 天。之所以京东可以做到如此短的时间，得益于其将物联网技术应用于供应链管理之中，井然有序的供应链管理让京东的现金周转率持续降低。

（资料来源：笔者根据相关资料编写）

8.1 库存的概述

库存水平的高低，对企业的生产经营将产生重要的影响。必要的库存数量是防止供应中断，交货期延误，保证生产连续和稳定的重要条件，它有利于提高供货的弹性，适应需求变动、减少产销矛盾。但过多的库存掩盖生产中的各种问题，如计划脱节、管理不到位、废次品和在制品过多等问题。因此，在一定的生产技术和经营管理水平下，加强库存控制，使库存保持在经济合理的水平上就显得尤为重要。

8.1.1 库存的定义

从一般意义上来说，库存是指企业所有资源的储备。这种资源与是否存放在仓库中没有关系，与资源是否处于运动状态也没有关系。汽车运输的货物处于运动状态，但这些货物是为了未来需要的资源，就是库存，是一种在途库存。这里所说的资源，不仅包括工厂里的各种原材料、毛坯、工具、半成品和成品，而且包括银行里的现金，医院里的药品、病床，运输部门的车辆等。一般地说，人、财、物和信息各方面的资源都有库存问题。专门人才的储备就是人力资源的库存，计算机硬盘贮存的大量信息，是信息的库存。

8.1.2 库存的作用

库存的作用

1. 库存的作用

一般来说，库存是维持正常生产、保持连续、应付意外需求所必需的。库存的作用至少表现在以下六个方面。

（1）满足不确定的顾客需求。顾客对产品的需求在时间与空间上均有不确定性，库存可以满足随时发生的顾客需求。这种情况在超市最为常见，特别是对大路货，总会上架足够数量的货物，以满足随时到来的需求。

（2）平滑对生产能力的要求。当需求与生产能力不平衡时，企业可以利用库存来调节需求的变化。特别是对于季节性需求，如中秋月饼、圣诞树、新年贺卡、开学时的学生用品等可以在淡季建立库存，以供旺季时销售。这样通过预设库存使生产能力保持均衡，能够更好地利用生产能力。

（3）缓解运营过程中不可预料的问题。供应商缺货、运输中断、机器故障、质量问题等都可能造成生产中断。为此，需设置一定的库存（安全库存）来缓解运营过程中这些不可预料的问题。

（4）降低单位订购费用或生产准备费用。订购一批物资的订购费用与订购物资的数量无关或关系不大。生产一批产品的生产准备费用与生产的数量无关或关系不大。因此，增大订购批量会降低订购费用。增加生产批量会降低单位产品的生产准备费用。同时，大批量生产还会减少单位产品的生产准备时间，从而使生产能力得到充分利用。这一点对于瓶颈环节尤为重要。

（5）利用数量折扣。通常供应商为了刺激需求，对于达到一定采购量的采购方会提供一定的价格优惠。一次订货量越大，折扣幅度越大。这种情况在大宗原料的供销中最为常见。作为采购方，当数量折扣带来的好处大于增加的保管费用时，就会利用这种数量折扣。

（6）避免价格上涨。存储价格即将上涨的物资。因避免价格上涨而保有的库存称为投机性库存。这种情况常见于稀缺资源，如石油、铁矿石等。当然也有反例，如 1996 年春季，美国的石油公司预计伊拉克的石油会重新进入国际市场，从而抛售了大量石油储备。

2. 库存的负面影响

库存虽然重要，但不是越多越好，超出正常水平的库存会造成并掩盖以下问题：

（1）增大企业资金占用。库存属于企业的资产，库存资产需要企业用现金购买，过多的库存会造成资金大量沉淀在库存上，降低资金的使用效率，从而增大企业的成本。

（2）掩盖管理中的缺陷。库存可能会掩盖工人的缺勤、技能训练差、劳动纪律松弛和现场管理混乱等问题；库存可能被用来掩盖经常性的产品或零部件的制造质量问题，当废品率和返修率很高时，一种很自然的做法就是加大生产批量和增加在制品或产成品库存；库存还可能被用来掩盖或弥补作业计划安排不当、生产控制制度不健全、需求预测不准、产品成套性差等问题；如有产品设计不当、工程变动、生产过程组织不当等问题时，企业可以增大库存水平加以掩盖。总之，企业管理不善最终会导致库存水平居高不下。

（3）掩盖供应链中的问题。库存可能被用来掩盖供应商或外协厂家的原材料质量问题、外协件质量问题和交货不及时问题等。

8. 1. 3　库存的分类

不同的企业，库存的对象有所不同。例如，航空公司的库存是其飞机的座位；百货商店的库存是各种各样的商品；电视机厂的库存是各种零部件、产成品等。制造企业的库存可分为原材料、产成品、零部件和在制品等，而服务业的库存则指用于销售的实物和服务管理所必需的供应品。

1. 库存对象

一般而言制造企业的库存对象主要有以下方面：

（1）主要原材料。原材料是构成产品主要实体的物资，是重点储备对象，如原棉、原木和原油等，一般称原料。把原料进一步加工后，作为劳动对象提供的产品，称为材料，如棉花、钢材等。

（2）辅助材料。它是用于生产过程，有助于产品的形成，在生产过程中起辅助作用，不构成产品主要实体，而是使主要材料发生物理或化学反应的材料。如化学反应中的接触剂催化剂、炼铁用的溶剂等。这类物资虽不构成产品的实体，但供应不上会影响生产。

（3）燃料。它是辅助材料的一种，不加入产品，仅仅是帮助产品的形成。燃料是工业能源，如煤炭、石油、汽油和柴油等，都是生产中不可缺少的重要物资。

（4）动力。水、电、气、蒸气和压缩空气等。

（5）工具。主要是指生产中消耗的刀具、量具和卡具等。

（6）外协件、外购件。

（7）产成品。生产过程结束，在投入市场销售之前企业中的库存成品。这部分的大小取决于生产速度和市场需要速度相互间的增建关系。

2. 库存分类

通过对上面的库存对象的分析，可以将库存进行以下分类：

（1）按照库存的作用和性质划分为预期性库存、缓冲性库存、在途性库存和周转性库存，预期性库存，指为预期生产或销售的增长而保持的库存；缓冲性库存，指对未来不肯定因素起缓冲作用而保持的库存；在途性库存，指运输过程中的库存；周转性库存，指在进货时间间隔中可保证生产连续性而保持的库存。

（2）按一项物资的需求与其他项的需求关系，可将库存分为独立需求库存和相关库存，来自用户的对企业产品和服务的需求称为独立需求。独立需求最明显的特征是需求的对象和数量不确定，只能通过预测方法粗略地估计。相反，我们把企业内部物料转化各环节之间所发生的需求称为相关需求。相关需求也称为非独立需求，它可以根据对最终产品的独立需求精确地计算出来。相关需求可以是垂直方向的，也可以是水平方向的。

（3）按照库存对象、库存时间及库存目的可分为经常储备库存、保险储备库存和季节性储备库存，经常储备库存，指某种物资在前后两批进厂的供应间隔期内，为保证生产正常进行所必需的、经济合理的物资储备；保险储备库存，为预防物资到货误期或物资的品种、规格不合要求等意外情况，保证生产正常进行而储备的物资；季节性储备库存，指物资的生产或运输受到季节影响，为保证生产正常进行而储备的库存。

（4）按对物资需求的重复次数，可将物料分为单周期库存与多周期库存，所谓单周期需求即仅仅发生在比较短的一段时间内或库存时间不可能太长的需求，也被称作一次性订货量问题。圣诞树问题和报童问题都属于单周期库存问题。多周期需求则指在足够长的时间里对某种物品的重复的、连续的需求，其库存需要不断地补充。与单周期需求比，多周期需求问题普遍得多。

对单周期需求物品的库存控制问题称为单周期库存问题，对多周期需求物品的库存控制问题称为多周期库存问题。

8.1.4 库存控制系统

如图 8－1 所示，库存控制系统的结构由输出、输入、约束和运行机制四部分组成，与生产系统不同，在库存控制系统中没有资源形态的转化。输入是为了保证系统的输出（对用户的供给）。约束条件包括库存资金的约束、空间约束等。运行机制包括控制哪些参数以及如何控制。在一般情况下，在输出端，独立需求不可控；在输入端，库存系统向外发出订货的提前期也不可控，它们都是随机变量。可以控制的一般是何时发出订货（订货点）和一次订多少（订货量）两个参数。库存控制系统正是通过控制订货点和订货量来满足外界需求并使总库存费用最低。

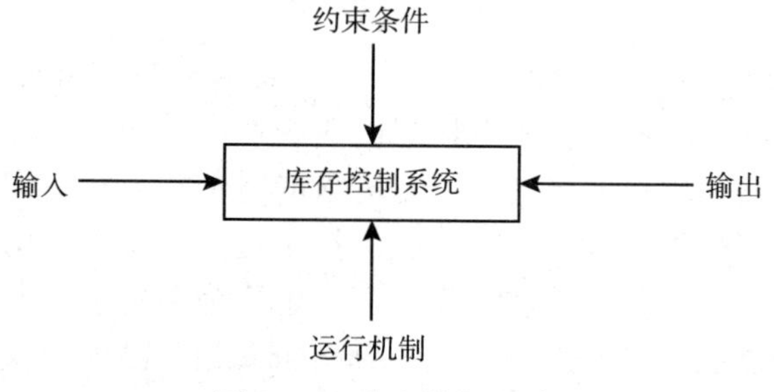

图 8－1 库存控制系统

1. 库存控制系统的分类

库存控制系统都必须解决三个问题：隔多长时间检查一次库存量？何时提出补充订货？每次订多少？按照对以上三个问题的解决方

式的不同，可以分成三种典型的库存控制系统。

(1) 定量库存控制系统。所谓定量库存控制系统就是订货点和订货量都是固定量的库存控制系统，如图 8－2 所示。

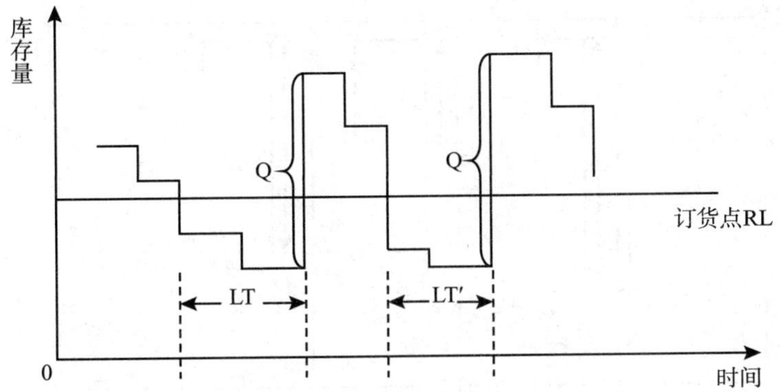

图 8－2 定量库存控制系统

当库存控制系统的现有库存量降到订货点（RL）及以下时，库存控制系统就向供应厂家发出订货，每次订货量均为一个固定的量 Q。经过一段时间，我们称之为提前期（LT），所发出的订货到达，库存量增加 Q。订货提前期是从发出订货至到货的时间间隔，其中包括订货准备时间、发出订单、供方接受订货、供方生产、产品发运、提货、验收和入库等过程。显然，提前期一般为随机变量。

要发现现有库存量是否到达订货点 RL，必须随时检查库存量。固定量系统需要随时检查库存量，并随时发出订货。这样，增加了管理工作量，但它使得库存量得到严密的控制。因此，固定量系统适用于重要物资的库存控制。

为了减少管理工作量，可采用双仓系统。所谓双仓系统是将同一种物资分放两仓（或两个容器），其中一仓使用完之后，库存控制系统就发出订货。在发出订货后，就开始使用另一仓的物资，直到到货，再将物资按两仓存放。

(2) 定期库存控制系统。固定量系统需要随时监视库存变化，对于物资种类很多且订货费用较高的情况，是很不经济的。固定间隔期系统可以弥补固定量系统的不足。

定期库存控制系统就是每经过一个相同的时间间隔，发出一次订货，订货量为将现有库存补充到一个最高水平 S，如图 8－3 所示。当经过固定间隔时间 t 之后，发出订货，这时库存量降到 L_1，订货量

为 $S-L_1$；经过一段时间（LT）到货，库存量增加 $S-L_1$；再经过固定间隔期 t 之后，又发出订货，这时库存量降到 L_2，订货量为 $S-L_2$，经过一段时间（LT）到货，库存量增加 $S-L_2$。

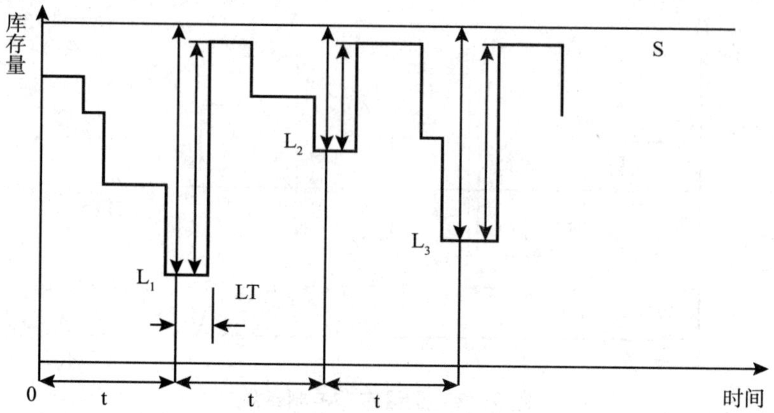

图 8－3　定期库存控制系统

固定间隔期系统不需要随时检查库存量，到了固定的间隔期，各种不同的物资可以同时订货。这样。简化了管理，也节省了订货费。不同物资的最高水平 S 可以不同。固定间隔期系统的缺点是不论库存水平 L 降得多还是少，都要按期发出订货，当 L 很高时，订货量是很少的。为了克服这个缺点，就出现了最大最小系统。

（3）最大最小库存控制系统。最大最小库存控制系统仍然是一种固定间隔期系统，只不过它需要确定一个订货点 s。

当经过时间间隔 t 时，如果库存量降到 s 及以下，则发出订货；否则，在经过时间 t 时再考虑是否发出订货。最大最小系统如图 8－4 所示。当经过间隔时间 t 之后，库存量降到 L_1，L_1 小于 s，发出订货，订货量为 $S-L_1$，经过一段时间 LT 到货，库存量增加 $S-L_1$。再经过时间 t 之后，库存量降到 L_2，L_2 大于 s，不发出订货。再经过时间 t，库存量降到 L_3，L_3 小于 s，发出订货，订货量为 $S-L_3$，经过一段时间 LT 到货，库存量增加 $S-L_3$，如此循环。

2. 库存控制系统的结构

库存控制系统的结构分为横向和纵向两个方面。从横向看，企业生产经营过程的各阶段，包括原材料供应阶段、生产制造阶段和产品销售阶段，都涉及库存问题。从纵向看，企业生产的各层次，包括工厂层、车间层和工序之间，也涉及库存问题。在生产制造阶段，车间之间和工序之间的物资库存或者物资储备，属于生产进度控制的内容，本书所讨论的库存控制主要集中于工厂层的原材料库存和产成品库存问题。

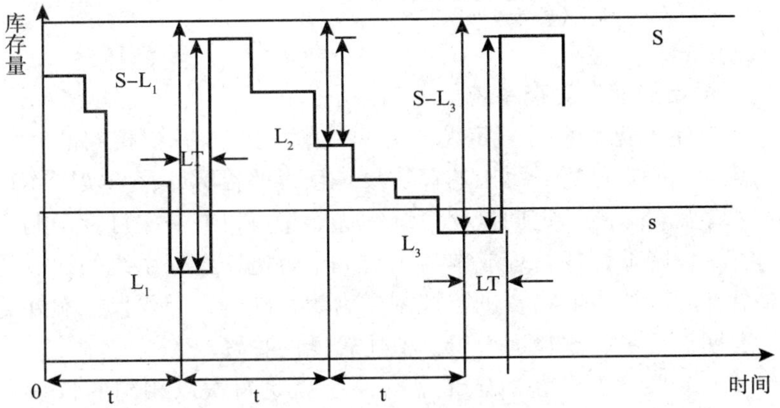

图 8－4　最大最小库存控制系统

3. 库存控制系统的因素

库存控制系统的主要控制因素有两个，即时间和数量。库存控制是通过订货的时间和订货的数量实现库存控制的。库存控制就是要解决何时订货和每次订多少货这两个基本问题。使库存水平不但在时间上，而且在数量上都经济合理。在订货数量一定的条件下，订货时间过迟，将造成物资供应脱节，生产停顿；订货时间过早，将使物资储存时间过长，储存费用和损失增大。在订货时间一定的条件下，订货数量过少，会使物资供应脱节，生产停顿；订货数量过多，会使储存成本上升和储存损耗增大。选择合适的库存模型和库存制度使库存水平在时间和数量上经济合理，是库存理论研究的主要内容。

8.2 有效库存管理系统

8.2.1 库存控制的目标

库存管理要考虑两个基本指标：一个是服务水平，即在适当时间、适当地点以适当的数量供应所需的物资；另一个是与库存有关的成本，包括订货成本、持有成本、缺货成本。

库存管理的目标是在给定服务水平下，使与库存有关的成本达到最低。为实现该目标，必须确定库存水平、库存补充时机与订货量。

有效库存管理

8.2.2 有效库存管理

1. 适当的库存盘存系统

（1）定期盘存系统。定期盘存系统就是每隔一个相同的时间间隔，就发出一次订货，每次的订货量是预设的目标库存与实际库存差额的库存盘存系统，定期盘存系统的优点是可以在一次订货中购得许多物资，以降低订货处理成本与运输成本。定期盘存系统的缺点是无法对盘存间隔期内的物资进行控制，为防止缺货，需要保持额外的库存。定期盘存系统比较适用于价值比较低的物资。

（2）定量盘存系统。定量盘存系统就是每次以相同的订货点和订货量发出订货，订货间隔不固定的库存盘存系统，在这种盘存系统下，需要设置订货点并持续跟踪物资的库存情况。所谓订货点是指必须发出下一次订货订单时的库存水平。这种系统的优点是持续监控库存，有利于库存控制，及时发现缺货，减少缺货风险，此外，固定批量一般采用经济订货批量。这种系统缺点是连续记录库存水平增加了的成本，而且仍然需要定期盘存实际库存水平。

2. 需求预测与提前期信息

库存是用来满足需求的，所以科学地预测需求数量至关重要。此外，还需要掌握订货提前期信息。

所谓订货提前期是指订单发出与物资到达之间的时间间隔。提前期越长，潜在的变化越大，为减少物资到达之前发生缺货的风险而需要的额外库存就越多。提前期信息也是确定订货点的前提条件。订货点就是需要下达订单时的库存水平。

3. 库存成本构成

企业持有一定数量的库存对生产经营的平稳运行是必要的，但持有库存会给企业带来相应的成本。与库存有关的成本有以下四个。

（1）持有费用。持有费用包括因库存资金占用所发生的资金成本、保管费用、保险费和税费等。在库房等固定资产折旧所占比重较低的情况下，总的持有费用与平均库存水平成正比。通常按物资的储存数量和储存时间计算。当库存数量增加时，库存持有成本也随之增加。库存持有成本通常按单位时间（如 1 年）每单位物品的价格的百分比计算。

（2）订货费用。订货费用包括信息通信费、商务洽谈费、运输费、检验费等。总的订货费用与发生的订货次数有关。

（3）缺货费用。缺货损失成本发生在供货期内的需求超过预测的水平。缺货会使企业丧失销售机会，失去顾客，影响声誉，进而造成损失。可以通过增加供货期内的安全库存水平来降低缺货损失成本。

（4）库存物资成本。库存物资成本与物资价格和订货数量有关，是所采购物资的价值。

4. 库存管理的ABC分类法

ABC分类法是库存管理的一种重要方法，其模式是把物资品种和占用资金多少分类，再按各类重要程度不同分别控制，抓住重点和主要矛盾，进行重点控制。

（1）ABC分类法的内容。ABC分类法将库存物品按品种和占用资金的多少分为特别重要的A类库存、一般重要的B类库存和不重要的C类库存，然后针对不同等级分别进行管理与控制，其核心是“抓住重点，分清主次”。

（2）ABC分类法的操作。ABC分类法是按物品的价值、重要程度、耗用情况等加以分类的。一般A类为高价值物品，其价值占全部库存价值的70%以上，而品种数不及库存品种总数的20%；B类物品的价值约占库存总值的20%，品种数不到库存品种总数的30%；C类物品的价值只占10%以下，品种数却占到了50%以上。

（3）ABC分类法对于三种不同的物料应进行不同的控制：

A类货物的库存管理。对A类物资要重点控制。A类货物库存品种不多，占用资金量大，必须对其实行精确的定期订货控制。对A类库存品，要有详细的进出库记录，经常检查库存情况，随时提供准确的库存信息，尽量缩短供应间隔时间，选择最优的订购批量，在满足企业内部需要和客户需要的前提下维持尽可能低的经常量和安全库存量。在库存配置上，应把A类货物储存在靠近客户的配送中心，客户一旦订货就能马上送到客户手中，提供及时优质的服务。

B类货物的库存管理。对B类物资也应引起重视，适当控制。既可用定期订货法也可用定量订货法，视具体情况而定，可适当照顾到供应企业确定合理的生产批量，选择合理的运输方式。在库存配置上，可以把这类货物分别在工厂仓库和配送中心保管，库存的数量可以根据具体情况决定。

C类货物的库存管理。对C类物资放宽控制或一般控制。C类库存品种多，但占用资金较少，用比较简单的订货点法进行控制即可。在库存配置上，可以经常性地放置在工厂仓库中加以保管。

5. 规范管理流程

库存物资一般经过验收入库、保管与盘存、调拨出库三个主要环节。这三个环节构成了库存物资的收发存管理，是有效库存管理系统的基础。

（1）验收入库。办理物资验收入库主要的依据是验收入库单，其中登载的主要内容有：供货单位、物资的品名、代号、规格型号、供货单位、运输方式、数量、质量检验结果、拟保管仓库等。仓库管理人员对上述内容进行核对无误后签字收货，登录收发存台账，并安排物资存放的库位。

（2）保管与盘存。物资入库后要安全、经济地保持好物资原有的质量水平和使用价值，防止因保管不善所引起的物资破损、变质或者流失。

除日常保管工作外，还要经常或定期盘点清查，随时掌握每种物资的库存水平，并按要求进行报亏或报盈。当库存量降到订货点时，通知采购部门订货。

（3）调拨出库。办理调拨出库的主要依据是内部转移单或对外调拨单。调拨凭证登载的主要内容有：调拨单位、物资品名、代号、规格型号、数量，验收入库时的质检结果等。在办理物资调拨出库时，仓库管理人员核对调拨凭证上的全部内容，确认无误后配货出库，登录收发存台账。

6. 呆滞物料及其处理

呆滞物料是指超过规定时间不流动的物料。

（1）呆滞物料发生的原因。归纳起来，呆滞物料的发生无外乎外部和内部两个原因。外部原因包括：顾客退货或更换订单、供应物料的质量问题；内部原因包括：过量采购或错误采购、试生产余材、设计变更或产品终结。

（2）呆滞物料的处理方案。应根据发生呆滞的原因分别处理。对订单变更导致的呆滞，按以下类别进行统计造表：对在库、在途、外委的呆滞，优先在其他客户订单中消化，无法消化的，分类统计造表，提出变卖申请。对供应商原因造成的呆滞，协调退换货。对采购过量或错误采购造成的呆滞，造表并提出退换货申请。对试生产、设计变更或产品终结导致的呆滞，提出替换使用或改造（拆分、修整等）后使用的方案。

（3）呆滞物料的预防。为最大限度地减少呆滞物料。应着重做好需求预测分析；缩短订货或生产提前期；明确退换货条款；对A类物资实施精准化采购；加强产品生命周期管理等五个方面。

8.3 库存控制基本模型

库存控制的基本模型有单周期库存基本模型和多周期库存基本模型。多周期库存基本模型包括经济订货批量模型、经济生产批量模型和价格折扣模型。

8.3.1 单周期库存模型

对于单周期需求来说，库存控制的关键在于确定订货批量。对于单周期库存问题，订货量就等于预测的需求量。确定最佳订货量可采用期望损失最小法、期望利润最大法和边际分析法。

1. 期望损失最小法

期望损失最小法就是比较不同订货量下的期望损失，取期望损失最小的订货量作为最佳订货量。

期望损失 = 超储损失之和 + 缺货损失之和

已知库存物品的单位成本为 C，单位售价为 P。若在预定的时间内卖不出去，则单价只能降为 S(S < C) 卖出，单位超储损失为 $C_0 = C - S$；若需求超过存货，则单位缺货损失（机会损失）$C_u = P - C$。

设订货量为 Q 时的期望损失为 $E_L(Q)$，则取使 $E_L(Q)$ 最小的 Q 作为最佳订货量，则有：

$$E_L(Q) = \sum_{d>Q} C_u(d - Q)p(d) + \sum_{d<Q} C_o(Q - d)p(d) \quad (8.1)$$

式（8.1）中，p(d) 为需求量为 d 时的概率。

【例 8.1】依据过去的销售记录，顾客在夏季对某便利店微风扇的需求分布率如表 8 - 1 所示。

表 8 - 1　　某便利店微风扇的需求分布率

需求 d（台）	0	5	10	15	20	25
概率 p(d)	0.05	0.15	0.20	0.25	0.20	0.15

已知，每台微风扇的进价为 C = 50 元，售价 P = 80 元。若在夏季卖不出去，则每台微风扇只能按 S = 30 元在秋季卖出去。求该商店应该进多少微风扇为好。

解：设该商店买进微风扇的数量为 Q，则：

当实际需求 $d<Q$ 时，将有部分微风扇卖不出去，每台超储损失为 $C_o=C-S=50-30=20$（元）

当实际需求 $d>Q$ 时，将有机会损失，每台欠储损失为 $C_u=P-C=80-50=30$（元）

当 $Q=15$ 时，则：

$$
\begin{aligned}
E_L(Q)=&[30\times(20-15)\times0.20+30\times(25-15)\times0.15]\\
&+[20\times(15-0)\times0.05+20\times(15-5)\times0.15+20\\
&\times(15-10)\times0.02]\\
=&140\ (\text{元})
\end{aligned}
$$

当 Q 取其他值时，可按同样方法算出 $E_L(Q)$，结果如表 8－2 所示。由表可以得出最佳订货量为 15 台。

表 8－2　　期望损失计算表

订货量 Q	实际需求 d						期望损失 $E_L(Q)$（元）
	0	5	10	15	20	25	
	p(D＝d)						
	0.05	0.15	0.20	0.25	0.20	0.15	
0	0	150	300	450	600	750	427.5
5	100	0	150	300	450	600	290.0
10	200	100	0	150	300	450	190.0
15	300	200	200	0	150	300	140.0
20	400	300	200	100	0	150	152.5
25	500	400	300	200	100	0	215.0

2. 期望利润最大法

期望利润最大法就是比较不同订货量下的期望利润，取期望利润最大的订货量作为最佳货量。

期望利润＝需求量小于订货量的期望利润
＋需求量大于订货量的期望利润

设订货量为 Q 时的期望利润为 $E_p(Q)$，则有：

$$E_p(Q)=\sum_{d<Q}[C_ud-C_o(Q-d)]p(d)+\sum_{d>Q}C_uQ_p(d) \quad (8.2)$$

【例 8.2】已知数据同〖例 8.1〗，求最佳订货量。

解：当 $Q=15$ 时，

$$E_p(15)=[30\times0-20\times(15-0)]\times0.05+[30\times5-20\times(15-5)]\times0.15+[30\times10-20\times(15-10)]\times0.20+(30\times15)\times0.25+(30\times15)\times0.20+(30\times15)\times0.15=287.5$$

当 Q 取其他值时，可按同样方法算出 $E_p(Q)$，结果如表 8－3 所示。由表可以得出最佳订货量为 15，与期望损失最小法得出的结果相同。

表 8－3　期望利润计算表

订货量 Q	实际需求 d						期望利润 $E_p(Q)$（元）
	0	5	10	15	20	25	
	p(D=d)						
	0.05	0.15	0.20	0.25	0.20	0.15	
0	0	0	0	0	0	0	0
5	－100	150	150	150	150	150	137.5
10	－200	50	300	300	300	300	237.5
15	－300	－50	200	450	450	450	287.5
20	－400	－150	100	350	600	600	275.0
25	－500	－250	0	250	500	750	212.5

8.3.2　多周期库存模型

1. 经济订货批量模型

经济订货批量模型有如下假设条件：

①外部对库存系统的需求率已知，需求率均匀且为常量，年需求率以 D 表示，单位时间需求率以 d 表示；②一次订货无最大最小限制；③采购、运输均无价格折扣；④订货提前期已知，且为常量；⑤订货费与订货批量无关；⑥维持库存费是库存量的线性函数；⑦不允许缺货；⑧补充率为无限大，全部订货一次交付；⑨采用固定量系统。

在以上假设条件下，库存量的变化如图 8－5 所示。从图 8－5 可以看出，系统的最大库存量为 Q，最小库存量为 0，不存在缺货。库存按数值为 D 的固定需求率减少。当库存量降低到订货点 RL 时，就按固定订货量 Q 发出订货。经过一固定的订货提前期 LT，新的一批订货 Q 到达（订货刚好在库存变为 0 时到达），库存量立刻达到 Q。显然，平均库存量为 Q/2。

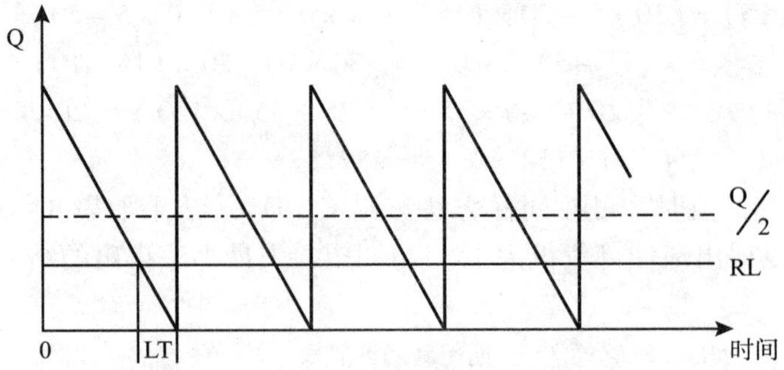

图 8－5　经济订货批量假设下的库存量变化

在 EOQ 模型的假设条件下，有：

$$C_T = C_H + C_R + C_P = H(Q/2) + S(D/Q) + pD \tag{8.3}$$

式（8.3）中：C_T——年库存总费用；C_H——年维持库存费；C_R——年补充订货费；C_P——年购买费（加工费）；S——一次订货费或调整准备费；H——单位库存维持费，H = p · h 为单价，P——单价；h——资金效果系数；D——年需求量。

年维持库存费 C_H 随订货批量 Q 增加而增加，是 Q 的线性函数；年订货费 C_R 与 Q 的变化呈反比，随 Q 增加而下降，不计年采购费用 C_P，总费用 C_T 曲线为 C_H 曲线与 C_R 曲线的叠加。C_T 曲线最低点对应的订货批量就是最佳订货批量，如图 8－6 所示。为了求出经济订货批量，将式（8.3）对 Q 求导，并令一阶数导数为零，可得式（8.4）：

$$Q^* = EOQ = \sqrt{\frac{2DS}{H}} \tag{8.4}$$

式（8.4）中，Q^* 为最佳订货批量或称经济订货批量。

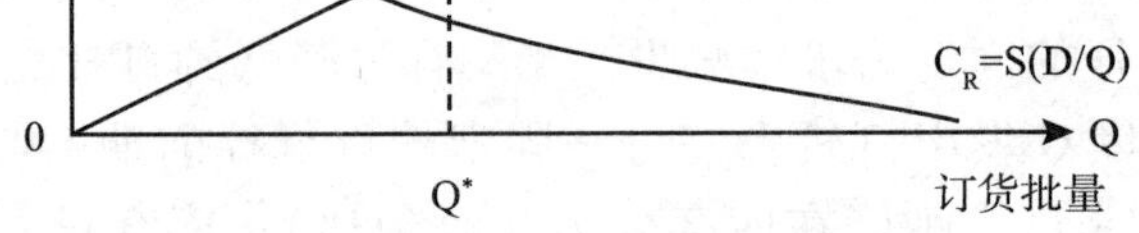

图 8－6　年费用曲线

订货点 RL 可按下式计算：

$$RL = D \cdot LT \tag{8.5}$$

在最佳订货批量下，

$$C_R + C_H = S(D/Q^*) + H(Q^*/2)$$

$$= \frac{DS}{\sqrt{\frac{2DS}{H}}} + \frac{H}{2}\sqrt{\frac{2DS}{H}} = \sqrt{2DSH} \tag{8.6}$$

从式（8.6）可以看出，经济订货批量随单位订货费 S 增加而增加，随单位维持库存费 H 增加而减少。因此，价格昂贵的物品订货批量小，难采购的物品一次订货批量要大一些。这些都与人们的常识一致。

【例 8.3】 根据生产的需要，某企业每年以 20 元的单价购入一种零件 4 000 件。每次订货费用为 40 元，资金年利息率为 6%，单位维持库存费按库存物价值的 4% 计算。若每次订货的提前期为 2 周，试求经济订货批量、最低年总成本、年订购次数和订购点。

解：由已知可知 p = 20 元/件，D = 4 000 件/年，S = 40 元，LT = 2 周。H 则由两部分组成，一是资金利息，一是仓储费用，即

$H = 20 \times 6\% + 20 \times 4\% = 2$ 元/（件·年）。

因此，$EOQ = \sqrt{\frac{2DS}{H}} = \sqrt{\frac{2 \times 4\,000 \times 40}{2}} = 400$（件）

最低年总费用为：

$$C_T = p \times D + (D/EOQ) \times S + (EOQ/2) \times H$$

$$= 4\,000 \times 20 + (4\,000/400) \times 40 + (400/2) \times 2 = 80\,800 \text{（元）}$$

年订货次数 $n = D/EOQ = 4\,000/400 = 10$（次）

订货点 $RL = (D/52) \cdot LT = 4\,000/52 \times 2 = 153.8$（件）

2. 经济生产批量模型

EOQ 假设整批订货在一定时刻同时到达，补充率为无限大。这种假设不符合企业生产过程的实际。一般来说，在进行某种产品生产时，成品是逐渐生产出来的。也就是说，当生产率大于需求率时，库存是逐渐增加的，不是一瞬间上去的。要使库存不致无限增加，当库存达到一定量时，应该停止生产一段时间。由于生产系统调整准备时间的存在，在补充成品库存的生产中，也有一个一次生产多少的最经济的问题，这就是经济生产批量问题。经济生产批量模型，又称经济生产量模型，其假设条件除与经济订货批量模型第⑧条假设不一样之外，其余都相同。

图 8－7 描述了在经济生产批量模型下库存量随时间变化的过程。

生产在库存为0时开始进行，经过生产时间 t_p 结束，由于生产率 q 大于需求率 d，库存将以（q - d）的速率上升。经过时间 t_p，库存达到 I_{max}。生产停止后，库存按需求率 d 下降。当库存减少到0时，又开始了新一轮生产。Q 是在 t_p 时间内的生产量，Q 又是一个补充周期 T 内消耗的量。

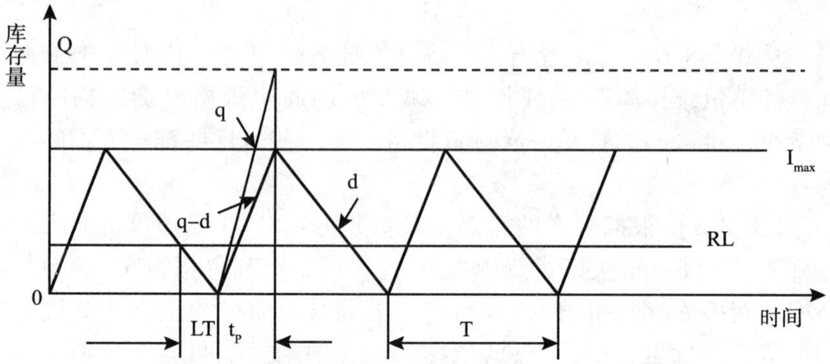

图 8 -7　经济生产批量模型假设下的库存量变化

图 8 -7 中，q 为生产率（单位时间产量）；d 为需求率（单位时间出库量），$d<q$；t_p 为生产时间；I_{max} 为最大库存量；Q 为生产批量；RL 为订货点；LT 为生产提前期。

在 EPL 模型的假设条件下，Cp 与订货批量大小无关，为常量。与 EOQ 模型不同的是，由于补充率不是无限大，这里平均库存量不是 Q/2，而是 $I_{max}/2$。于是：

$$C_T = C_H + C_R + C_P = H(I_{max}/2) + S(D/Q) + pD$$

问题现在归结为求 I_{max}。由图 8 -7 可以看出：

$$I_{max} = t_p(q-d)$$

由 $Q = qt_P$，可以得出 $t_P = Q/q$。所以：

$$C_T = H(1-d/q)Q/2 + S(D/Q) + pD \tag{8.7}$$

等式（8.7）与式（8.3）比较，可以得出：

$$EPL = \sqrt{\frac{2DS}{H\left(1-\frac{d}{p}\right)}} \tag{8.8}$$

【例 8.4】 根据预测，市场每年对某公司生产的产品的需求量为 9 000 台，一年按 300 个工作日计算。生产率为每天 50 台，生产提前期为 4 天。单位产品的生产成本为 60 元，单位产品的年维修库存费为 30 元，每次生产的生产准备费用为 40 元。试求经济生产批量

EPL、年生产次数、订货点和最低年总费用。

解：这是一个典型的 EPL 问题，将各变量取相应的单位，代入相应的公式即可求解。

$d = D/N = 9\,000/300 = 30$（台/日）

$$EPL = \sqrt{\frac{2DS}{H(1-d/q)}} = \sqrt{\frac{2\times 9\,000\times 40}{30\times(1-30/50)}} = \sqrt{60\,000} = 245 \text{（台）}$$

年生产次数 $n = D/EPL = 9\,000/245 = 36.7$（次）

订货点 $RL = d \cdot LT = 30\times 4 = 120$（台）

$$\begin{aligned} \text{最低年库存费用 } C_T &= H(1-d/q)Q/2 + S(D/Q) + pQ \\ &= 30\times(1-30/50)\times(245/2) + 40 \\ &\quad \times(9\,000/245) + 60\times 9\,000 \\ &= 542\,938 \text{（元）} \end{aligned}$$

EPL 模型比 EOQ 模型更具一般性，EOQ 模型可以看作 EPL 模型的一个特例。当生产率 q 趋于无限大时，EPL 公式就同 EOQ 公式一样。

EPL 模型对分析问题十分有用。由 EPL 公式可知，一次生产准备费 S 越大，则经济生产批量越大；单位维持库存费 H 越大，则经济生产批量越小。在机械行业，毛坯的生产批量通常大于零件的加工批量，是因为毛坯生产的准备工作比零件加工的准备工作复杂，而零件本身的价值又比毛坯高，从而单位维持库存费较高。

3. 价格折扣模型

为了刺激需求，诱发更大的购买行为，供应商往往在顾客的采购批量大于某一值时提供优惠的价格。这就是价格折扣。图 8－8 表示有两种数量折扣的情况。当采购批量小于 Q_1 时，单价为 P_1；当采购批量大于或等于 Q_1 而小于 Q_2 时，单价为 P_2；当采购批量大于或等于 Q_2 时，单价为 P_3。$P_3 < P_2 < P_1$。

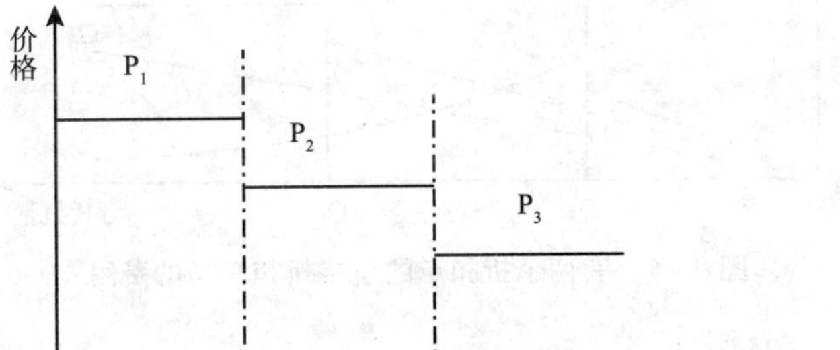

图 8－8 有数量折扣的价格曲线

价格折扣对于供应厂家是有利的。因为生产批量大，则生产成本低，销售量扩大可以占领市场，获取更大利润。价格折扣对用户是否有利，要做具体分析。在有价格折扣的情况下，由于每次订购量大，订货次数减少，年订货费用会降低。但订购量大会使库存增加，从而使维持库存费增加，按数量折扣订货的优点是单价较低，年订货成本较低，较少发生缺货，装运成本较低，而且能比较有效地对付价格上涨。其缺点是库存量大，储存费用高，存货周转较慢且容易陈旧。接不接受价格折扣，需要通过价格折扣模型计算才能决定。

价格折扣模型的假设条件仅有条件③与 EOQ 模型假设条件不一样。即允许有价格折扣。由于有价格折扣时，物资的单价不再是固定的了，因而传统的 EOQ 公式不能简单地套用。图 8－9 所示为有两个折扣点的价格折扣模型的费用。年订货费 C_R 与价格折扣无关，曲线与 EOQ 模型的一样。年维持库存费 C_H 和年购买费 C_P 都与物资的单价有关。因此，费用曲线是一条不连续的折线。三条曲线的叠加，构成的总费用曲线也是一条不连续的曲线。但是，不论如何变化，最经济的订货批量仍然是总费用曲线 C_T 上最低点对应的数量。由于价格折扣模型的总费用曲线不连续，所以成本最低点或者是曲线斜率（亦即一阶导数）为零的点，或者是曲线的中断点。求有价格折扣的最优订货批量按下面步骤进行。

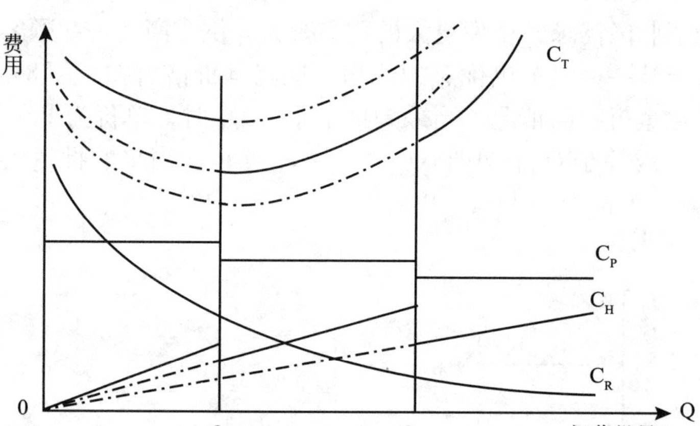

图 8－9　有两个折扣点的价格折扣模型的费用

（1）取最低价格代入基本 EOQ 公式求出最佳订货批量 Q^*，若 Q^* 可行（即所求的点在曲线 C_T 上），Q^* 即为最优订货批量，停止。否则转步骤（2）。

（2）取次低价格代入基本 EOQ 公式求出 Q^*。如果 Q^* 可行，计算订货量为 Q^* 时的总费用和所有大于 Q^* 的数量折扣点（曲线中断点）所对应的总费用，取其中最小总费用所对应的数量即为最优订货批量，停止。

（3）如果 Q^* 不可行，重复步骤（2），直到找到一个可行的 EOQ 为止。

【例 8.5】 某公司每年要购入 3 600 台电子零件。供应商的条件是：①订货量大于等于 125 台时，单价 32.50 元；②订货量小于 125 台时，单价 35.00 元。每次订货的费用为 10.00 元；单位产品的年库存维持费用为单价的 15%。试求最优订货量。

解：这是一个典型的数量折扣问题，求解步骤如下：

第一步，当 $C = 32.50$ 时，$H = 32.50 \times 15\% = 4.88$，$S = 10.00$，$D = 3\,600$。

则：

$$EOQ(32.50) = \sqrt{\frac{2 \times 3\,600 \times 10}{4.88}} = 121.47 \text{（台）}$$

因为只有当订货量大于等于 125 台时，才可能享受单价为 32.50 元的优惠价格，也就是说，121.47 台是不可行的（即 121.47 所对应的点不在曲线 C_T 的实线上）。

第二步，求次低的单价 $C = 35.00$ 元时的情况。此时：

$H = 35.00 \times 15\% = 5.25$，$S = 10.00$，$D = 3\,600$。

$$EOQ(35.0) = \sqrt{\frac{2 \times 3\,600 \times 10}{5.25}} = 117.11 \text{（台）}$$

当单价为 35.00 元时，经济订货批量取 117 台时，这与供应商的条件是不矛盾的，因而 117 台为可行的订货量。在这里，订货量大于 117 台的数量折扣点只有一个，即 125 台。因此应该分别计算订货量为 117 台和 125 台时的总成本 $C_T(117)$ 和 $C_T(125)$。

$$\begin{aligned} C_T(117) &= (117/2) \times 5.25 + (3\,600/117) \times 10.00 + 3\,600 \times 35.00 \\ &= 126\,614.82 \text{（元）} \end{aligned}$$

$$\begin{aligned} C_T(125) &= (125/2) \times 4.88 + (3\,600/125) \times 10.00 + 3\,600 \times 32.50 \\ &= 117\,593.00 \text{（元）} \end{aligned}$$

由于 $C_T(125) < C_T(117)$，所以最优订货批量应为 125 台。

本章小结

本章介绍了库存的概念、功能和分类，并对库存控制系统的结构和决策要素进行讲解，分析库存的主要成本构成要素，并为了提高库存效率，采取库存管理的 ABC 方法，最后介绍了库存控制基本模型。

本章关键术语

库存、库存对象、库存控制、库存控制系统、定量库存、定期库存、有效库存、定期盘存系统、定量盘存系统、库存成本、ABC 分类法、呆滞物料、单周期库存、期望利润最大法、多周期库存模型、经济订货批量模型、价格折扣模型、经济生产批量模型。

复习与思考

1. 库存的作用？
2. 何谓独立需求库存与相关需求库存？
3. 典型的库存控制系统有哪些？
4. 了解库存的概念、功能和分类。
5. 库存的主要成本构成有哪些？
6. 简述库存管理的 ABC 方法。
7. 经济订货批量模型假设条件是什么？
8. 价格折扣模型的假设条件是什么？

第 9 章
供应链管理

本章要点

- ✧ 掌握供应链管理相关内容
- ✧ 了解供应链战略合作伙伴关系及伙伴选择
- ✧ 掌握牛鞭效应的危害、成因及缓解策略
- ✧ 了解供应链风险的识别和防范对策

引导案例

当我们在网上购物时，我们会浏览大量的网页，并在脑海里会有一个非常感性的采购计划，这个计划来源于对我们自己生活习惯以及价值判断的把握而形成的购买需求；通常这个计划是模糊、不确定的，除非有具体的采购计划。通过对网上商城的商品展示网页的浏览，我们迅速地使这种模糊的需求转变为一个个具体的采购对象——购买的品种和数量。在这个过程中，有三个内容主导了我们的购买行为："网上商城中有什么可以购买?""购买对象的价格如何?""购买的物品何时才能到达我们手中?"最后，开始与客服人员进行购买的洽谈，基于洽谈的经过做出是否购买的决策，从而结束我们网购过程。

（资料来源：笔者编写）

9.1 供应链管理基础理论

9.1.1 供应链的概念

供应链就是由供应商、制造企业、仓库、配送中心和渠道商等构成的物流网络。其基本含义如下：

（1）供应链中既包括制造企业和上游的零件/原材料供应商，也包括下游的批发/分销商、零售商和终端客户本身。

（2）供应链涵盖了从供应商的供应商到客户的客户之间有关最终产品或服务的形成和交付的一切业务活动。

（3）在供应链活动中，反映了不同经营主体间合作、竞争和利益关系。

（4）体现客户价值链增值是供应链运营的意义所在。

在分工越细、专业要求越高的供应链中，不同节点基本上由不同的企业组成。有时候在某个供应链中，同一企业可能既在制造企业、仓库节点，又在配送中心节点等占有位置。

供应链不但是一条连接供应商到用户的物料链、信息链、资金链，而且更是一条增值链。物料在供应链上进行加工、包装、运输等过程而增加其价值，从而给这条链上的相关企业带来收益，如果没有创造额外的增值，相关企业没有得到应有的回报，这条链就不能继续转动。

9.1.2 供应链管理

供应链管理的内容

现代供应链管理是用信息技术整合供求上下游的资源，实现从供应商到客户的一体化管理模式，从而整体上提高供应链的运作效率和效益。具体为：在满足服务水平要求的同时，为了使系统成本达到最低而采用的将供应商、制造商、销售企业、物流服务商到最终用户结成网链（一体化）来组织产品的开发、生产与销售，并把正确数量的正确商品在正确的时间配送到正确地点的管理方法。下面从工作流程角度和工作内容角度来了解供应链管理。

1. 工作流程角度

从工作流程的角度，供应链管理包括计划、采购、制造、配送、退货五大基本内容。

（1）计划。是供应链管理的策略性部分。良好的计划是建立一系列的方法监控供应链，使它能够有效、低成本地为顾客递送高质量和高价值的产品或服务，以满足客户的需求。

（2）采购。通过和供应商建立一套定价、配送和付款流程，选择能提供货品和服务的供应商，并把供应商的流程与企业自身的相关流程结合起来。

（3）制造。是供应链中测量内容最多的部分，包括质量水平、产品产量和工人的生产效率等的测量。

（4）配送。建立货品计价系统，接收付款，调整用户的订单收据，建立仓库网络，派递送人员提货并送货到顾客手中。

（5）退货。建立退货网络接收客户退回的不合格产品和多余产品，并在客户应用产品出问题时提供支持。

2. 工作内容角度

从工作内容分类的角度，作为供应链中各节点企业相关运营活动的协调平台，供应链管理的重点主要有：

（1）战略管理。供应链管理本身属于企业战略层面的问题。必须从企业发展战略的高度考虑选择和参与供应链。

（2）信息管理。信息管理的基础是构建信息平台，实现供应链的信息共享，将供求信息及时、准确地传递到相关节点企业，从技术上实现供应链的集成化和一体化。

（3）客户管理。客户管理是供应链的起点。通过客户管理，详细地掌握客户信息，从而预先控制，在最大限度地节约资源的同时，为客户提供优质的服务。

（4）库存管理。利用先进的信息技术，收集供应链各方以及市场需求方面的信息，减少需求预测的误差，用实时准确的信息控制物流，从而降低库存的持有风险。

（5）关系管理。通过协调供应链中各个节点企业，使节点企业在协调合作关系基础上进行交易，从而有效地降低供应链整体的交易成本，实现供应链的全局最优化。

（6）风险管理。采取措施尽可能地规避由信息不对称、信息扭曲、市场不确定性以及其他政治、经济、法律等因素导致的节点企业运作风险。

9.1.3 供应链管理的关键问题

供应链管理是一个复杂的系统，涉及不同的企业和企业的各个方面。因此，实施供应链管理必须确保理清思路、分清主次，抓住以下六个关键问题：

1. 配送网络的重构

在现实中，可能由于现有的几个仓库租赁合同的终止或渠道商的数量发生增减变化等原因引起，原有的需求模式发生改变或外在条件发生变化引起的配送网络调整。

2. 配送战略选择

在供应链管理中主要有直接转运战略、经典配送战略。直接转运战略是指终端渠道由中央仓库供应货物，中央仓库充当供应过程的调节者和来自外部供应商的订货的转运站，而其本身并不保留库存。经典配送战略是在中央仓库中保留库存。直接运输战略则相对较为简单，它是指把货物直接从供应商运往终端渠道的一种配送战略。

3. 供应链集成

虽然对供应链进行集成是相当困难的。但能够对节点企业的销售业绩和市场份额产生显著的影响。集成供应链有两个关键问题：一个是什么信息应该共享，如何共享，信息如何影响供应链的设计和作业；另一个是在不同节点企业间实施什么层次的集成，可以实施哪些类型的伙伴关系等。

4. 库存控制

库存控制主要涉及：一个终端渠道对某一特定产品应该持有多少库存，终端渠道的订货量是应该大于、小于还是等于需求的预测值，终端渠道应该采用多大的库存周转率，终端渠道的目标在于决定在什么点上再订购一批产品，以及为了最小化库存订购和保管成本，应订多少产品等。

5. 顾客价值的衡量

顾客价值是衡量一个企业对于其顾客的贡献大小的指标，这一指标是根据企业提供的全部货物、服务以及无形影响来衡量的。

6. 信息技术和决策支持系统

信息技术是供应链管理是否有效的关键因素。供应链管理中信息技术方面包括传递数据的选取和数据的分析和利用等内容。

9. 1. 4 供应链管理的发展趋势

随着经济全球化趋势和信息科学技术的发展，供应链管理的发展呈现出一些明显的趋势。

1. 时速变化

信息技术的发展，促进了供应链中的各个企业通过各种手段实现它们之间物流、信息流的紧密连接，以达到对最终客户要求的快速响应、减少存货成本、提高供应链整体竞争水平的目的。

2. 质量提升

质量管理贯穿供应链管理的各个环节，任何一个环节质量的好坏，都将会影响到用户对产品质量、时效性以及价格等方面的评价。因此质量创新正在成为一种提高供应链绩效的强大力量。

3. 资本生产率提高

资本生产率是一定时期内单位资本存量创造的产出。改进资本生产率不仅注重减少企业内部的存货，还注重减少供应链渠道中的存货。供应链管理发展的趋势要求企业开展合作与数据共享，以减少在整个供应链渠道中的存货。

4. 组织精简

供应连成员的类型及数量是供应链管理效率低下的直接原因。减少物流供应商的数量，提升供应链管理效率成为明显的趋势。比如，跨国公司客户更愿意将它们的全球物流供应链外包给少数几家，理想情况下最好是一家物流供应商。因为这样不仅有利于管理，而且有利于在全球范围内提供统一的标准服务，更好地显示出全球供应链管理的优势。

5. 客户服务

供应链管理更重视客户服务与客户满意度。客户服务重视与物流公司的关系并把物流公司看成是提供高水平服务的合作者。①

9.2 供应链战略合作伙伴关系

供应链战略合作伙伴关系一般是指在供应链内部两个或两个以上

① 吴志奇：《运营管理》，中国人民大学出版社 2016 年版，第 216 页。

独立的成员之间形成的一种协调关系，以保证实现某个特定的目标或效益。建立供应链合作伙伴关系是为了通过提高信息共享水平，减少整个供应链产品的库存总量，降低成本，提高整个供应链的运作绩效。

9.2.1 合作伙伴关系的形成

1. 传统关系

以产品买卖为特征的短期合同关系。买卖关系是基于价格的关系，买方通过引起卖方之间的价格竞争，并在卖方之间分配采购数量来对卖方加以控制。

2. 物流关系

以加强基于产品质量和服务的物流关系为特征，物料从供应链上游到下游的转换过程进行集成，注重服务的质量和可靠性，供应商在产品组织、柔性、准时等方面的要求较高。

3. 合作伙伴

关系企业与其合作伙伴在信息共享、服务支持、并行工程、群体决策等方面合作，强调基于时间和基于价值的供应链管理。

4. 网络资源关系

以实现集成化战略合作伙伴关系和以信息共享的网络资源关系为特征，供应链节点企业间的合作关系最终集成为网络资源关系。

9.2.2 合作伙伴关系的特点

1. 以协议为基础

通过协议来保障交易活动的顺利进行，这些协议可以是正式的，也可以是非正式的。正式的协议一般是基于一定的政策及法律法规框架而订立的有强制约束力的书面协议。非正式的协议通常以口头承诺或备忘录的形式存在，这类协议一般基于诚实及商业信用而订立，并不具有强制的约束力。但它在保持供应链关系、保障交易活动正常秩序方面有着积极的意义。

2. 竞争与合作

（1）合作企业为了使客户满意和供应链的整体绩效最佳，各成员企业在合作的基础上按照一定的分配机制共享供应链成果。在相互信任、互惠互利、信息共享、风险共担、协同工作的原则下结成战略意义上的伙伴或同盟关系。

（2）供应链合作企业是相互独立的经济实体，供应链中的企业常常要按照自身的理性需要，追求其效益的最大化。

（3）供应链合作企业总是希望控制资源及信息等，并建立有利于自身的分配机制。供应链合作伙伴关系之间的合作是竞争性的、有条件的。竞争性因素使得供应链的合作博弈存在着诸多不确定性，因而供应链管理表现出相当的复杂性。

3. 相对稳定性

供应链战略合作伙伴依据正式的或非正式的协议达成共识，互惠互利、风险共担和信息共享是它们合作的基础，使客户满意和供应链整体绩效最佳是它们共同的目标，它们之间有着广泛的一致性和信任度。因此，供应链合作伙伴关系是稳定的。

由于个体差异和竞争性因素的存在，使得供应链战略合作伙伴关系始终处于动态变化中，它只是在一定条件和时间范围内表现出一定程度的稳定性。

9.2.3　选择合作伙伴的原则

在选择合作伙伴时要考虑以下几个方面的原则：

1. 拥有各自的核心竞争力

唯有合作企业拥有各自的核心竞争力，并使各自的核心竞争力相结合，才能提高整条供应链的运作效率，从而为企业带来可观的贡献。只有合作伙伴努力发展自己的核心价值，才能使企业在整条供应链保持良好的运行和获得相应的利益。

2. 拥有相同的企业价值观及战略思想

若合作伙伴之间的价值观及战略思想差距太大，合作必定以失败告终。合作企业要有良性的战略目标与积极向上的价值观，公司形象得到大众的好评。

3. 工艺技术的连贯性

合作伙伴必须在技术上保持一致标准，包括产品设计、制造工艺的连贯性。工艺上的差异或供应商现在、未来制造能力的局限，都会限制供应商在被引入战略合作伙伴后的先进生产技术的引进，从而影响整个供应链的运作。

4. 企业的业绩和经营状况

一个企业过去年度里的经营状况往往是选择长期合作伙伴的重要影响因素。业绩好的企业一般比较容易被接纳，也很容易进入合作角色。

5. 有效的交流和信息共享

在选择合作伙伴的过程中，只有更好地与被选择方加强交流，才能提供更多的战略信息，使评价过程和结果更具有可信度和参考价值。

9.2.4 合作伙伴选择的方法

以下是选择合作伙伴几种常用方法：

1. 直观判断法

直观判断法是根据征询和调查所得的资料并结合分析判断，对合作伙伴进行分析、评价的一种方法。这种方法主要是倾听和采纳有经验的采购人员意见，或者直接由采购人员凭经验做出判断，常用于选择企业非主要原材料的合作伙伴。

2. 招标法

当订购数量大、合作伙伴竞争激烈时，可采用招标法来选择适当的合作伙伴。它是由需求方企业提出招标条件，各投标合作伙伴进行竞标，然后由需求方企业决标，与提出最有利条件的合作伙伴签订合同或协议。

3. 协商选择法

协商选择法是由企业先选择出几个合作伙伴，同它们分别进行协商，再确定适当的合作伙伴。与招标法相比，协商选择法由于供需双方能充分协商，在物资质量、交货日期和售后服务等方面较有保障。当采购时间紧迫、投标单位少、订购物资规格和技术条件复杂时，协商选择方法比招标法更为合适。

4. 采购成本比较法

对质量和交货期都能满足要求的合作伙伴，需要通过计算采购成本来进行比较分析。采购成本比较法是通过计算分析各个合作伙伴的采购成本，选择采购成本较低的合作伙伴。

5. 层次分析法

该方法的基本原理是根据具有递阶结构的目标、子目标、约束条件、部门等来评价方案，采用两两比较的方法确定判断矩阵，然后把判断矩阵的最大特征相对应的特征向量作为响应系数，最后综合给出各方案的权重。①

---

① 吴志奇：《运营管理》，中国人民大学出版社 2016 年版，第 220 页。

9.3　牛鞭效应

“牛鞭效应”是供应链上的一种需求变异放大（方差放大）现象，是信息流从最终客户端向原始供应商端传递时，无法有效地实现信息的共享，使信息扭曲而逐级放大，导致了需求信息出现越来越大的波动。并随之面临由其所导致的总库存增加、生产无序和失衡、业务流程阻塞、资源浪费、市场混乱和风险增大等一系列的危机。这种信息扭曲的放大作用在图形显示上很像一根甩起的赶牛鞭，因此被形象地称为“牛鞭效应”，牛鞭效应又称作“需求变异加速放大原理”，如图 9－1 所示

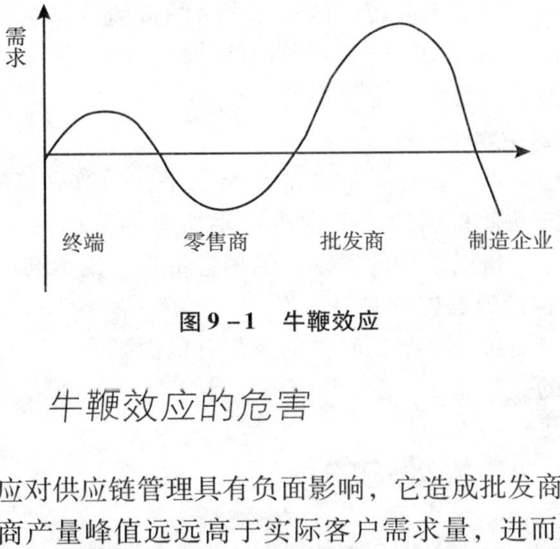

图 9－1　牛鞭效应

9.3.1　牛鞭效应的危害

牛鞭效应对供应链管理具有负面影响，它造成批发商、零售商的订单和生产商产量峰值远远高于实际客户需求量，进而造成产品积压，占用资金，使得整个供应链效率低下。随着供应链上的企业越来越多，这种效应越加明显，整个供应链的管理会变得复杂困难。牛鞭效应的危害表现在以下方面：

1. 增加生产成本

牛鞭效应增加了供应链的生产成本。由于存在牛鞭效应，制造企业和它的供应商要满足比顾客需求波动更大的订单。为了应付这种增大的波动性，制造企业要么扩大生产能力，要么保有过量的库存，这两种做法都会增加单位产品的生产成本。

2. 增加库存

成本牛鞭效应增加了供应链的库存成本。为了满足更大的需求波动，制造企业不得不维持更高的库存水平。因此，增加了整个供应链的库存水平，从而增加了库存成本。另外，高库存水平有可能会导致高过时库存。

3. 延长供货期

牛鞭效应延长了供应链的补给供货期。由于牛鞭效应增加了需求的变动性，制造商会出现当前生产能力和库存不能满足订单需求的情况，从而导致供应链内公司及其供应商的补给供货期延长。

4. 增加运输成本

制造企业及其供应商在不同时期的运输需求与订单完成密切相关。由于牛鞭效应，运输需求将会随着时间的变化而变化，所以需要保持剩余的劳动力来满足订货高峰期的要求，从而增加了运输成本。

5. 增加人工成本

牛鞭效应增加了供应链中送货和进货的劳动力成本。制造企业和供应商发货所需的劳动力随着订单的波动而波动。分销商和零售商收货所需要的劳动力也会发生类似的波动。

6. 降低供给水平

牛鞭效应降低了供应链的产品供给水平，导致更多的缺货情况。过大的订单波动使得制造企业很难满足所有的分销商和零售商的订单。这增大了零售商缺货的概率，给销售带来不良影响。

7. 损害供应链各方的关系

牛鞭效应对各个环节的经营绩效都有负面影响，从而损害了供应链各个环节的关系。

9.3.2 牛鞭效应的成因

一般来说，产生牛鞭效应的原因主要有以下几个方面：

1. 需求预测修正

需求预测修正是指当供应链的成员采用其直接的下游订货数据作为市场需求信息和依据时，就会产生需求放大。生产商为了保证批发商的需求，虽然明知其中有夸大成分，但不得不按批发商的要求量生产，并且为了稳妥起见，在考虑毁损、漏订等情况后，生产商还加量生产，这样一层一层地增加预订量，导致牛鞭效应的产生。

2. 订货批量决策

在供应链中，一般情况下，销售商在考虑库存和运输费用的基础上，在一个周期或者汇总到一定数量后再向供应商订货；为了减少订货频率，降低成本和规避断货风险，销售商往往会加量订货。同时频繁的订货也会增加供应商的工作量和成本，供应商也往往要求销售商在一定数量或一定周期订货，此时销售商为了尽早得到货物或全额得到货物，或者为备不时之需，往往会人为提高订货量，这样，订货策略导致了牛鞭效应。

3. 价格波动

价格波动是由于一些促销手段、价格折扣、数量折扣、与竞争对手的恶性竞争和供不应求、自然灾害、社会动荡等造成的，如“双11”、新冠疫情等，这种因素使许多零售商和推销人员预先采购的订货量大于实际的需求量，如果库存成本小于由于价格折扣所获得的利益，销售商就会加大订货量，这样订货就脱离了实际需求的变化，从而产生牛鞭效应。

4. 短缺博弈

当需求大于供给时，销售商为了获得更大份额的配给量，故意夸大其订货需求是在所难免的，当需求降温时，订货又突然消失，这种由于短缺博弈导致的需求信息的扭曲最终导致牛鞭效应。

5. 库存责任失衡

库存责任失衡加剧了订货需求放大。通常情况下是供应商先铺货，待销售商销售完成后再结算。供应商需要在销售商（批发商、零售商）结算之前按照销售商的订货量将货物运至销售商指定的地方，在发生货物毁损或者供给过剩时，供应商还需承担调换、退货及其他相关损失。同时销售商拥有的大量库存也加大了与供应商进行博弈的筹码。因此，销售商普遍倾向于加大订货量掌握主动权，这样也必然会导致牛鞭效应。

6. 应对环境变化

政策环境、社会环境、自然环境的变化都会增强市场的不确定性。随着这些不确定性的增强，销售商的库存量也会增加。为了保持有应付这些不确定性的安全库存，销售商会加大订货，将不确定性风险转移给供应商，这样也会导致牛鞭效应。

9.3.3 缓解牛鞭效应的策略

缓解牛鞭效应的策略

从供应商的角度看，牛鞭效应是供应链上的各层级销售商（总经销商、批发商、零售商）转嫁风险和进行投机的结果，它会导致生产无序，库存增加，成本加大，通路阻塞，可以通过以下六个方面缓解牛鞭效应的负面影响：

1. 订货分级管理

按照帕累托定律，供应商可将销售商分为一般销售商、重要销售商和关键销售商三类，并对它们的订货实行分级管理，如对于一般销售商的订货实行满足管理，对于重要销售商的订货进行充分管理，对于关键销售商的订货实现较好的管理，在供应短缺时，可以优先确保关键销售商的订货；供应商还可以通过分级管理策略，在合适时机剔除不合格销售商，维护销售商的统一性和渠道管理的规范性。

2. 信息共享

信息共享可以使上下游企业都可以根据相同的原始资料来制定供需计划。使用电子数据交换（EDI）系统等现代信息技术对销售情况进行适时跟踪也是解决牛鞭效应的重要方法。

3. 联合库存管理

联合库存管理策略是合理分担库存责任、防止需求变异放大的先进方法。联合库存管理是使供应商与销售商权力责任平衡的一种风险分担的库存管理模式，它在供应商与销售商之间建立起合理的库存成本、运输成本与竞争性库存损失的分担机制，将供应商全责转化为各销售商的部分责任，从而有效地抑制了牛鞭效应的产生和加剧。

4. 缩短提前期

一般来说，订货提前期越短，订量越准确，缩短订货期是破解牛鞭效应的一个有效办法。

5. 实行外包服务

使用外包服务，如第三方物流也可以缩短提前期和使小批订货实现规模经营，这样销售商就无须从同一个供应商那里一次性大批订货。虽然这样会增加额外的处理费用和管理费用，但只要所节省的费用比额外的费用大就值得应用。

6. 规避短缺博弈

供应商可以根据顾客以前的销售记录进行限额供应，而不是根据订购的数量，这样就可以防止销售商为了获得更多的供应而夸大订购量。供应商应该在销售旺季来临之前帮助销售商做好订货工作，供应商就能更好地设计生产能力和安排生产进度以满足产品的需求，从而降低产生牛鞭效应的机会。

7. 适当减量修正

供应商根据历史资料和当前环境分析，适当削减订货量，同时为保证需求，供应商可使用联合库存和联合运输方式多批次发送，这样，在不增加成本的前提下，也能够保证订货的满足。

8. 缩短回款期限

缩短回款期限，根据回款比例安排物流配送也是消除订货量虚高的一个好办法，因为这种方法只是将期初预订数作为一种参考，具体的供应与回款挂钩，从而保证了订购和配送的双重管理。

9.4 供应链风险管理

供应链是一个复杂的系统，由于供应链各成员之间情况不同、地域文化背景不同。以及供应市场的特征也不一样，就会产生各种各样的风险。如何管控供应链风险，是各个企业要重视的问题。

具体来说，供应链的风险可分为内在风险和外在风险。

9.4.1 供应链内在风险

供应链的风险来源是由各种不确定因素引发的，供应链企业内部问题属于供应链内在风险，主要有以下几个方面的风险：

（1）道德风险。道德风险是指由于信息不对称，供应链合约的一方从另一方得到剩余收益，使合约破裂，导致供应链的危机。如供应商由于自身生产能力上的局限或是为了追求自身利益的最大化而不择手段，偷工减料或以次充好，所提供的物资达不到采购合同要求造成的风险。

（2）信息传递风险。供应链实质上是一种松散的企业联盟，每个企业都是独立经营和管理的经济实体，随着供应链规模逐渐扩大、结构日趋复杂时，供应链上发生信息错误的可能性也随之增多。同时会产生牛鞭效应，导致库存过量。

（3）生产组织与采购风险。现代企业生产组织强调集成和效率，这样可能导致生产过程刚性太强，缺乏柔性，若在生产或采购过程的某个环节上出现问题，很容易导致整个生产过程的停顿。

（4）分销商选择产生的风险。分销商直接面对市场，要充分实施有效的供应链管理，必须做好分销商的选择工作。在供应链中，如果分销商选择不当，会直接导致核心企业市场竞争的失败，也会导致供应链凝聚力的涣散，从而导致供应链的解体。

（5）物流运作风险。物流活动是供应链管理的纽带。供应链要加快资金流转速度，实现即时化生产和柔性化制造，离不开高效运作的物流系统。这就需要供应链各成员之间采取联合计划，实现信息共享与存货统一管理。但在实际运行中是很难做到这一点的，导致在原料运输、产品生产和产品销售等过程中可能出现衔接失误，从而可能导致供应链物流不畅通而产生的风险。

（6）企业文化差异产生的风险。供应链由多家成员企业构成，这些不同的企业在经营理念、文化制度、员工职业素养和核心价值观等方面必然会存在一定的差异，从而导致对相同问题的不同看法，采取不一致的工作方法，最后产生不同的结果，造成供应链的混乱。

9.4.2 供应链外来风险

供应链企业外部环境的问题，我们称之为供应链外来风险，主要有以下几个方面：

（1）市场需求不确定性风险。供应链的运作应以市场需求为导向，供应链中的生产、运输、供给和销售等都建立在对需求准确预测的基础之上。市场竞争的激化增强了消费者需求偏好的不确定性，使准确预测难度加大，容易导致整个供应链的经营风险。如果不能获得正确的市场信息，供应链无法反映出不断变化的市场趋势和顾客偏好，就不能进入一个新的细分市场，从而丧失进入一个新市场的机会。

（2）经济周期风险。市场经济的运行轨迹具有明显的周期性，在经济繁荣时期，供应链在市场需求不断升温的刺激下，会增加固定资产投资，进行扩大再生产，增加存货、补充人力，相应地增加了现金流出量。而在经济衰退时期，供应链销售额下降，现金流入量减少，而未完成的固定资产投资仍需大量资金的继续投入，此时市场筹资成本加大，资金流动性差的状况就增大了供应链的经营风险。

（3）政策风险。当国家经济政策发生变化时，往往会对供应链的资金筹集、投资及其他经营管理活动产生重大影响，使供应链的经营风险增加。

（4）法律风险。供应链面临的法律环境的变化也引发供应链经营风险。每个国家的法律都有一个逐渐完善的过程，法律法规的调整、修订等不确定性，有可能对供应链运转产生负面效应。

（5）意外风险。地震、火灾、政治动荡、战争都会引起非常规性的破坏，影响到供应链的某个节点企业，从而影响到整个供应链的稳定，使供应链中企业资金运动过程受阻或中断，使生产经营过程遭受损失，既定的经营目标和财务目标无法实现等。[①]

9.4.3 供应链风险防范对策

供应链风险防范对策

1. 加强节点企业的风险管理

供应链从采购、生产到销售过程是由多个节点企业共同参与而形成的串行或并行的混合网络结构。其中某项工作既可能由一个企业完成，也可能由多个企业共同完成。供应链整体的效率、成本、质量指标取决于节点指标。由于供应链整体风险是由各节点风险传递而成，因此，通过对节点企业风险的识别与判断，进行风险调整和优化，将大大加强整个供应链的风险控制。

2. 建立应急处理机制

供应链是多环节、多通道的一种复杂的系统，很容易发生突发事件。因此，必须建立相应的预警系统与应急系统和预警评价指标体系，当其中一项以上的指标偏离正常水平并超过某一临界值时，发出预警信号。在预警系统做出警告后，应急系统及时对紧急、突发的事件进行应急处理，以避免给供应链企业带来严重后果。

3. 加强信息交流

信息技术的应用加强了企业的通信能力和企业内各职能部门之间信息流动。供应链企业之间应该通过建立多种信息传递渠道，加强信息交流和沟通，增加供应链透明度，加大信息共享程度来消除信息扭曲，一般来说，企业上下游间的信息有先进的通信方式，及时的反馈机制，规范化的处理流程，供应链风险就小，反之就大。

4. 加强对供应链企业的激励

由于目前我国企业的社会诚信机制很不完善，供应链企业间出现道德风险是难以避免的。应该尽可能消除信息不对称性，积极采用激励手段和机制，来消除对方的败德风险。

5. 优化合作伙伴

供应链合作伙伴选择是供应链风险管理的重要一环。一方面要充分利用各自的互补性以发挥合作竞争优势，另一方面也要考虑伙伴的合作成本与敏捷性。合作伙伴应将供应链看作一个整体，而不是由采购、生产、分销、销售构成的分离的块块功能。

6. 保持供应链的弹性

供应链企业合作过程中，通过在合同设计中互相提供柔性，可以

① 吴志奇：《运营管理》，中国人民大学出版社 2016 年版，第 229 页。

部分消除外界环境不确定性的影响，传递供给和需求的信息。柔性设计是消除由外界环境不确定性引起的变动因素的一种重要手段。因此在注重效率的同时仍应保持供应链的适度弹性。

7. 建立战略合作伙伴关系

供应链企业要实现预期的战略目标，客观上要求供应链企业进行合作，形成共享利润、共担风险的双赢局面。建立长期的战略合作伙伴关系，首先要求供应链的成员加强信任；其次，应该加强成员间信息的交流与共享；再次，建立正式的合作机制，在供应链成员间实现利益分享和风险分担；最后，加强契约规定等规范建设。

8. 打造共同的价值观

良好的供应链价值观能在系统内形成一股强大的凝聚力，增强成员企业之间的团结协作，减少不必要的矛盾冲突，从而减少内耗，维持供应链的稳定与发展。

9. 优化物流管理

供应链上采用多头供应商的柔性供应机制，可以有效防范单一供应商结构下渠道受阻，即可影响整条供应链正常运行的供货风险。为此，企业对关键物资材料的供应须选择来自不同地域的两个以上供应商，并对每个供应商的供货进行跟踪评估，以确保物资供应安全稳定。物流配送是供应链营运中的重要环节，依靠专业强势的第三方物流，企业可专注核心业务，优化经营流程，降低运营成本，分散并增强抵御物流配送风险的能力。

本章小结

本章对供应链战略合作伙伴关系进行了详细的阐述，使读者对供应链的形成与管理有较为深刻的认识。介绍了牛鞭效应和供应链风险。牛鞭效应则是供应链管理中的热点问题，企业管理者非常有必要认识其危害、成因及缓解策略；企业管理者往往能认识到供应链的价值，但容易忽视或低估供应链的风险，掌握供应链风险的识别、评估、防范对策是很有必要的。

本章关键术语

供应链、供应链管理、合作伙伴关系、牛鞭效应、供应链风险、风险识别、风险评估、风险防范。

复习与思考

1. 供应链管理内容是什么？

2. 供应链战略合作伙伴选择的原则有哪些？
3. 如何选择供应链战略合作伙伴关系？
4. 如何加强供应链风险的防范？
5. 牛鞭效应的成因及缓解策略有哪些？

第 10 章

物 流 管 理

本章要点

- ✧ 了解物流管理的概念和主要内容
- ✧ 了解物流战略管理的目标和内容
- ✧ 了解现代物流的特点
- ✧ 掌握运输的作用和方式
- ✧ 掌握影响运输优化的因素及运输优化的有效途径
- ✧ 了解国际物流的概念、特点
- ✧ 了解第三方物流的基本特征、作用
- ✧ 了解第四方物流的基本特征、第四方物流企业的基本组织结构

引导案例

从2010年开始，京东物流通过“211限时达”，打通了面向一二线城市高端消费者的网购物流通道。

2019年对京东来说是很重要的一年，京东物流推出“千县万镇24小时达”时效提升计划，四线到六线城市，24小时内送达，内部称之为“4624”，京东物流希望通过“4624”以更快的速度把货物送到四到六线城市消费者手里面。下沉的供应链建设思路将要打破原有的模式，通过开放共生的体系，利用产地的资源，把当地的车、当地的仓、当地的农户能力结合起来。

同时国际业务也被京东物流定为主战场之一。“首先跨境业务，中国到全球的双通路线的生意就非常大，无论是跨境小包还是其他形式，都有很大的机会。同时，京东物流在泰国、印度尼西亚等一些国家通过技术出海提升当地物流效率，已经验证成功。另外，京

东物流的技术，也是可以通过共生的手段，在国外持续发挥很大的潜力。”

（资料来源：笔者根据相关资料整理编写）

10.1 物流管理基础理论

10.1.1 物流管理概述

物流是指利用现代信息技术和设备，将物品从供应地向接收地准确的、及时的、安全的、保质保量的、门到门的合理化服务模式和先进的服务流程。物流是随商品生产的出现而出现，随商品生产的发展而发展，所以物流是一种古老的传统经济活动。物流管理强调运用系统方法解决问题。

现代物流通常被认为是由运输、存储、包装、装卸、流通加工、配送和信息诸环节构成。现代物流管理建立在系统论、信息论和控制论的科学基础上，从系统论的观点出发，要求物流系统能及时地提供完整、准确、必要的信息，通过对这些信息的处理，了解掌握物流状况，控制物流。信息技术的应用是现代物流系统信息获取、传递和存储的基础。

1. 物流管理的特点

（1）以实现客户满意为第一目标。

（2）以企业整体最优为目的。

（3）以信息为中心。

（4）重效率更重效果。

2. 物流管理主要内容

（1）对物流活动要素进行管理，包括运输、储存、装卸、配送等环节的管理。

（2）对物流系统要素进行管理，包括对其中人、财、物、设备、方法和信息等六大要素的管理。

（3）对物流活动中具体职能进行管理，包括物流计划、质量、技术、经济等职能的管理。

10.1.2 物流系统管理

物流系统是由产品、包装设备、装卸搬运机械、运输工具、仓储设施、运输道路、流通加工和废弃物回收处理设施等物资、能源、人员和情报信息等所构成的系统。物流系统的功能是合理安排各个环节的物流活动，为客户提供更好的物流服务。

1. 物流系统的特点

（1）大跨度性。这主要反映在地域、时间和范围方面。企业间的物流经常会跨越不同地域。地域的大跨度必然加大了时间上的跨度。物流活动涉及的范围横跨生产、流通、消费三大领域，生产的发展、市场的扩大，使物流系统的范围不断向内深化、向外扩张。

（2）动态性。社会商品的生产状况、商品需求的变化、社会能源的波动、企业间的合作关系等都随时随地影响着物流，为了不断适应不断变化的环境，必须对物流系统的各组成部分经常修改和完善。

（3）可分性。物流系统是一个可分系统。物流系统可以分成若干个互相联系的子系统，如生产系统、储存系统、销售系统等。

（4）复杂性。物流所处的环境中存在很多不确定的因素，并且物流活动的各个环节中也存在随机因素，在物流活动的全过程中，需要大量的物流信息，收集处理信息用来指导物流活动是一项非常复杂的工作。

（5）多目标性。物流系统的多目标性表现出目标背反、效益背反的现象。例如，很难同时兼顾物流时间最短和物流成本最低的目标。①

2. 系统管理的思想遵循的原则

（1）一体性原则。强调整体功能。

（2）关联性原则。系统内部各要素之间既相互联系又相互制约，系统与外部环境之间也互相联系和制约。

（3）变化性原则。物流系统与外部环境频繁地进行物质和信息交换，物流系统是一个开放的动态系统。

（4）最优原则。整体优化是物流系统的最终目标。

---

① 吴志奇：《运营管理》，中国人民大学出版社 2016 年版，第 241 页。

10.1.3　物流战略管理

物流战略管理

物流战略是指就物流发展目标以及达成目标的途径与手段而制定的长远性、全局性的规划与谋略。物流战略管理是物流经营者在构建物流系统过程中，通过物流战略设计、实施、评价与控制等环节，调节物流资源等要素，并且最终实现物流系统宗旨和战略目标等一系列动态过程的总和。

1. 物流战略实施计划的内容

物流战略实施计划根据所考虑时期长短不同可分为三个层面：战略层面、战术层面和执行层面。时间跨度在一年以上是战略层面；一年以内的实施计划是战术层面；每天甚至每小时的决策为执行层面考三者的区别如表 10－1 所示。

表 10－1　　不同计划层面决策举例

决策变量	战略层面	策略层面	执行层面
选址	设施数目、地点及规模	库存分布决策	路线、路线上产品的分配
运输	运输方案	季节性的服务	数量及时间安排
订货流程	设计订单流程系统	客户的优惠待遇	执行订单流程
仓库	布局、地点选择	季节性的空间变换	订单履行
采购	政策制定	合同管理、供应商选择	订单送出

资料来源：吴志奇：《运营管理》，中国人民大学出版社 2016 年版，第 241 页。

2. 物流战略计划的主要内容

物流战略计划主要包括四个方面的问题：顾客服务水平、物流设施分布、库存和运输，它们组成了一个整体。在设计时应权衡利益，设计合适的服务水平，服务水平涉及物流设施分布、库存和运输等环节。

（1）利用物流设施分布找到性价比最好的商品分销方式。

（2）物流设施的分布决策要考虑采取不同的库存管理方法。

（3）运输问题决策受物流设施分布的影响，运输决策与库存水平、物流分布有关。

3. 改善物流战略计划的主要因素

（1）市场需求。市场需求及其地理分布直接影响到物流网络系统的构建。当地需求的大幅度变化是物流系统需要重建的依据。

（2）顾客服务水平。顾客服务水平变化的原因有竞争对手的战略变化或市场变化。

（3）产品特性。产品特性包括重量、体积、价值和风险。可以在物流中通过包装和流通加工等方式改变其特性。

（4）物流成本。若物流成本相对较高，则更新物流计划的频率应该加快以保持对市场的敏感性。但对于一些高科技产业如计算机等，由于物流成本在成本中仅占微小的比例，所以其改善物流系统的动力相对较小。

（5）定价方法。采购或销售物品时定价方法的改变也会对物流计划产生影响。企业一般只关心自己责任范围内所产生的成本，如果一个公司最初的定价方法是由顾客来承担运输成本，那么它往往会只建立少量的仓库来降低成本，尽管成本在很多时候是可以转换的，但当定价方法改变时，运输成本需要由供货方来承担的话，则必须考虑运输所产生的成本而重新设计物流系统。

10.2 运输管理

物流的运输是指物品的载运及输送。运输是实现物体空间位置变化的活动。运输一般分为运输和配送，所有物品的移动都是运输，而配送则专指短距离和小批量的运输，运输侧重整体，配送侧重局部。

10.2.1 运输的作用

物流包含物的时间状态和空间状态的改变。运输是改变空间状态的主要手段，运输再配以搬运和配送等活动以完成改变空间状态的全部任务。

运输继续了生产过程，它既连接生产与消费环节，也连接国民经济各部门和各企业，运输活动连接城乡乃至不同地区和国家。在生产过程中，运输是生产的直接组成部分，没有运输则无法关联生产内部的各个环节。

1. 提高物品价值

由于空间场所不同，同种物品的使用价值的实现程度也不同。通过运输，将物品运到场所效用最高的地方，就能发挥物品的潜力，实现资源的优化配置，运输提高了物品的使用价值。

2. 产生利润

运输费用是物流费用的主要组成部分，应通过合理地组织运输，缩短运输里程，提高运输工具的运用效率，从而达到节约物流成本的目的，节约运输成本就是帮助企业获得利润。

3. 提高资金使用效率

合理的运输可以加快物流建设，减少物品的库存量，加快资金周转，节约资金占用，从而提高社会产品的使用效率，实现物流的经济效益和社会效益。

10.2.2　运输方式

现代运输方式可按运输工具的不同进行以下划分：

1. 公路运输

公路运输是以汽车为主在公路上进行客货运输的一种方式，公路运输主要承担近距离和小批量的货运。公路运输是唯一一种可以提供“门到门”运输的服务方式。公路运输常常作为其他运输方式的衔接手段。公路运输的主要优点是灵活性强，公路运输的经济半径一般在500 千米以内。

2. 铁路运输

铁路运输是使用铁路列车运送客货的一种运输方式。铁路运输主要承担长距离和大数量的货运，是在干线运输中起主力运输作用的运输形式。铁路运输的主要优点是速度快、全天候、载运量大、运输成本较低。铁路运输灵活性差，只能在固定线路上实现运输，需要与其他运输手段配合和衔接。铁路运输经济里程一般在 500 千米以上。

3. 水运

水运是使用船舶运送客货的一种运输方式。水运主要承担大数量和长距离的运输，是国际贸易的主要货运形式。在内河及沿海，水运也常作为小型运输工具使用，担任补充及衔接大批量干线运输的任务。水运的主要优点是低成本、大批量、远距离。缺点是速度慢，容易受港口、水位、季节、气候影响。水运包括远洋运输、近海运输、沿海运输和内河运输四种形式。

4. 航空运输

航空运输是使用飞机或其他航空器进行运输的一种形式。航空运输单位成本很高，主要适合运载价值高和运费承担能力很强的货物或贵重设备的零部件和高档产品等。航空运输也适合运送紧急物资，如救灾抢险物资等。航空运输的主要优点是速度快，不受地形的限制，在火车、汽车都达不到的地区也可依靠航空运输。

5. 管道运输

管道运输是利用管道输送气体、液体和粉状固体的一种运输方式。其运输形式是靠物体在管道内顺着压力方向循序移动实现的，和其他运输方式的重要区别在于管道运输采用静止不动的密封设备，管道运输可避免货物的散失和丢失。管道运输建设成本较大，管道运输的主要优点是运输过程中消耗动力较少，不受气象条件的影响，适合大量连续不断的物资运送。

6. 联合运输

联合运输使用两种或两种以上的运输方式组合，以完成一项货物的综合运输。联合运输要求两种不同的运输方式进行衔接运输。联合运输按地域划分有国际联运和国内联运两种，国内联运较为简单，国际联运是联合运输最高水平的体现。联合运输可以简化托运、结算及理赔手续，节省人力和物力；能够缩短货物运输时间，减少库存，降低货损货差事故，提高货运质量；可以降低运输成本，节省各种支出；提高运输管理水平，实现运输优化。①

10.2.3 运输优化

运输优化

所谓运输优化，就是在一定的产销条件下，货物的运量、运距、流向和中转环节合理，能以最适宜的运输工具、最低的运输费用、最少的运输环节、最佳的运输线路、最快的运输速度转移货物。

1. 影响运输优化的因素

影响物流运输优化的因素很多，起决定作用的有五个方面，称作合理运输的“五要素”。

（1）运输距离。在运输过程中，运输时间和运输费用等技术经济指标都与运输距离有关，运距长短是运输是否合理的一个最基本的因素。

（2）运输环节。每增加一个运输环节，势必要增加运输的附属活动，如装卸、包装等，各项技术经济指标也会因此发生变化，因此减少运输环节有积极的作用。

（3）运输工具。各种运输工具都有其优势领域，对运输工具进行优化选择，最大限度发挥运输工具的特点和作用是运输优化的重要

① 吴志奇：《运营管理》，中国人民大学出版社 2016 年版，第 246 页。

一环。

（4）运输时间。缩短运输时间对缩短整个流通时间意义重大。缩短运输时间还有助于加速运输工具的周转，充分发挥运力效能，提高运输线路通过能力。

（5）运输费用。运输费用在全部物流费用中占很大的比例，运费高低在很大程度上决定了整个物流系统的竞争能力。无论货主还是物流企业都十分关注运输优化，运费是各种优化措施是否行之有效的最终判断依据之一。

2. 运输优化的有效途径

运输优化是一个系统工程，需要通过有效的途径加以落实，运输优化的有效途径表现在以下方面：

（1）合理配置运输网络。在规划运输网络时，应合理配置仓库、配送中心、物流中心以及中转站、货运站等物流节点。这些问题需要整体规划，统一考虑，做到既满足销售的需要，又能减少交叉、迂回、空载运输，降低运输成本，提高运输效率。

（2）选择最佳的运输方式。每种运输方式都有自己的优势和劣势。应对不同运输方式进行综合分析，选择适宜的运输方式。长距离、大批量的货物运输宜采用铁路或水路运输；小批量、多品种、近距离的货物运输宜采用公路运输。

（3）提高车辆运行效率。提高运输车辆的运行率和实载率，减少车辆空载、迂回运输、重复运输、倒流运输等现象，缩短等待时间和装运时间，提高时间利用率，促进运输优化。

（4）发展社会化运输体系。实行专业分工，改变各自独立的运输体系状况。我国铁路运输的社会化体系较为完善，但是公路运输由于小生产作业非常普遍，是社会化运输体系改善的重点。社会化运输体系中，各种联运体系是水平较高的方式。

（5）采用先进的运输技术装备。不断开发特殊运输技术和采用先进的运输工具是实现运输优化的重要途径。

（6）采用合理的运输策略和模式。要实现运输优化，还必须采用合理的运输策略。企业可根据实际情况，尽量采用直达运输、共同运输、集运等策略。在实际工作中，应推进共同运输，即企业部门之间、企业之间、行业之间进行合作，协调运输计划，提高运输能力。

10.3 仓储管理

10.3.1 仓储的功能

从整个物流过程看，仓储是保证这个过程正常运转的基础环节之一，仓储的价值主要体现在基本功能、增值功能以及社会功能三个方面。仓储管理是指对仓库和仓库中储存的物资进行管理。

1. 基本功能

基本功能指为了满足市场的基本储存需求，仓库所具有的基本的操作或行为，包括储存、保管、拼装、分类等基础作业。其中，储存和保管是仓储最基础的功能。通过基础作业，货物得到符合市场和客户需求的仓储处理。

2. 增值功能

仓储通过基本功能体现仓储的基本价值，增值功能则是指通过仓储高质量的作业和服务，使经营方或供需方获取附加增值，这是物流中心与传统仓库的重要区别之一。增值功能的典型表现方式包括提高客户满意度和有效传递信息。在仓库管理的各项事务中，经营方和供需方都需要及时准确的仓库信息，包括仓库利用水平、进出货频率、仓库的地理位置、仓库的运输情况、客户需求状况、仓库人员的配置等信息，这些信息为用户或经营方进行商业决策提供可靠的依据，提高用户对市场的响应速度，有助于降低经营成本，获得更大的经济利益。

3. 社会功能

仓储的基础作业和增值作业会给整个社会物流运转带来不同的影响，良好的仓储作业与管理保证了生产和生活的连续性，反之会带来负面效应，这些功能称为社会功能。

社会功能表现在以下三个方面：

第一，时间调整功能。一般情况下，生产与消费之间会产生时间差，通过储存可以克服货物产销在时间上的隔离，如粮食生产和消费。

第二，价格调整功能。生产和消费之间也会产生价格差，供过于求和供不应求都会对价格产生影响，因此通过仓储可以克服货物在产销量上的不平衡，达到调控价格的效果。

第三，衔接商品流通的功能。商品仓储是商品流通的必要条件，为保证商品流通过程连续进行，就必须有仓储活动。通过仓储以应对突发事件，保证商品顺利流通，仓储活动起到缓冲器的作用。

10.3.2　仓储管理的作用

仓储管理是仓储机构为了充分利用所具有的仓储资源提供高效的仓储服务所进行的计划、组织、控制和协调过程。

仓储管理的基本作用就是满足客户需求，科学合理地做好物品的入库、保管保养和出库等工作，为客户创造价值，为企业创造利润。具体来说，仓储管理包括仓储资源的获得、营运决策、商务管理、作业管理、仓储保管、安全管理、人事劳动管理、经济管理等一系列管理工作。

仓储管理的作用表现在以下方面：

1. 获得最大的仓储资源配置

仓储管理需要营造本仓储机构的局部效益空间，吸引资源的进入。具体任务包括：根据市场供求关系确定仓储的建设，依据竞争优势选择仓储地址，以生产差别产品决定仓储专业化分工和确定仓储功能，以所确定的功能决定仓储布局，根据设备利用率决定设备配置等。

2. 高效的组织管理机构

仓储组织机构应建立结构简单、分工明确、互相合作和促进的管理机构和管理队伍。一般都设有：内部行政管理机构、商务、库场管理、机械设备管理、安全保卫、财务以及其他必要的机构。

3. 高效的仓储作业管理

仓储作业应充分利用机械设备、先进的保管技术和有效的管理手段，实现仓储快进快出，提高仓储利用率，降低成本，减少差错，保持连续稳定的生产作业。充分使用先进的生产技术和手段，建立科学的生产作业制度和操作规程，实行严格的监督管理，采取有效的员工激励机制，充分配合企业的生产和经营活动。

仓储管理的内容

10.3.3　仓储管理的内容

仓储管理围绕以下活动展开：

1. 仓库的选址与建设

仓库的选址与建设是仓库管理战略层问题，对仓库长期经营过程中的服务水平和综合成本产生长远影响，必须提到战略高度加以处理。

2. 仓库机械作业的选择与配置

现代仓库离不开仓库所配备的机械设施，如叉车、货架、托盘和各种辅助设备等设施设备。合理选择适用于不同作业类型的仓库设施和设备有助于降低仓库作业中的人工作业劳动量，提高货品流通的顺畅性，保障货品在流通过程中的质量。

3. 仓库作业组织和流程

仓库的作业组织和流程随着作业范围的扩大和功能的增加而变得复杂，现代大型的物流中心要比以前的储存型仓库组织机构大得多，流程也复杂得多。设计合理的组织结构和分工明确是仓储管理目标得以实现的基本保证。合理的信息流程和作业流程使仓储管理高效顺畅，提高客户的满意度。

4. 仓库管理技术的应用

现代仓储管理离不开现代管理技术与管理手段，仓库管理技术包括编码系统和仓储管理系统，商品的编码技术和仓储管理系统极大地改善了商品流通过程中的识别和信息传递与处理效率，使得商品的仓储管理更准确和快捷，有利于降低成本。

5. 仓库的作业管理

仓库作业管理涉及商品入库前的验收，安排库位存放入库商品，对在库商品进行合理保存和发放出库等。仓库的作业管理是仓库日常所面对的大量复杂的管理工作，只有认真做好仓库作业中的每一个环节，才能保证仓储整体作业的良好运行。

6. 仓储综合成本控制

成本控制是任何一个企业管理者的重要工作目标，仓储的综合成本控制不但要考虑库房内仓储运作过程中各环节的相互协调关系，还要考虑物流过程各功能间的背反效应，以平衡局部利益和总体利益最大化的关系。选择使用成本控制方法和手段，对仓储过程每一个环节的作业成本加以控制，才能有效管控好仓储综合成本。

10.4 第三方物流及第四方物流

10.4.1 第三方物流

相对“第一方”发货方和“第二”收货方而言的，由第三方的专业物流企业来承担物流活动的物流形态称之为“第三方物流”。第三方物流是独立的，它不拥有商品，不参与商品的买卖，而是为客户提供以合同为约束，以结盟为基础的系列化、个性化和信息化的物流代理服务。

随着信息技术的发展和经济全球化趋势，越来越多的产品在世界范围内流通、生产、销售和消费，物流活动日益庞大和复杂，而第一、第二方物流的组织和经营方式已不能完全满足社会需要；同时，为参与国际竞争，企业必须确立核心竞争力，加强供应链管理，降低物流成本，把不属于核心业务的物流活动外包出去，于是第三方物流就应运而生了。

1. 基本特征

（1）合同化关系。第三方物流通过合同形式来规范物流经营者与物流消费者之间的关系。物流经营者根据合同规定的要求，提供多功能和全方位一体化的物流服务，并以合同来管理所提供的物流服务活动及其过程。物流联盟也是通过合同的形式来明确各物流联盟参与者之间的权利和义务关系。

（2）个性化服务。不同的物流消费者存在不同的物流服务要求，第三方物流需要根据不同物流消费者在企业形象、业务流程、产品特征、顾客需求特征、竞争需要等方面的不同要求，提供针对性强的个性化物流服务和增值服务。从事第三方物流的物流经营者也因为市场竞争、物流资源、物流能力的影响需要形成核心业务，不断强化所提供物流服务的个性化和特色化，以增强物流市场竞争能力。

（3）专业化功能。第三方物流提供专业的物流服务，包括物流设计、物流操作过程、物流技术工具、物流设施和物流管理等，体现专门化和专业水平。

（4）系统化管理。第三方物流应具有系统的物流功能，是第三方物流产生和发展的基本要求，第三方物流需要建立现代管理系统才能满足其运行和发展的基本要求。

（5）信息技术优化。信息技术是第三方物流发展的基础。在物流服务过程中，信息技术发展实现了信息实时共享，促进了物流管理的科学化，极大地提高了物流效率和物流效益。

2. 第三方物流的作用

（1）降低成本。物流行业的最大组成部分是提供运输和库存等，利用第三方物流，可以减少生产企业的运输和库存成本。

（2）成本优化。把物流业务外包给承包商可以使得公司的固定投入成本转化为可变投资成本。

（3）降低库存。通过与第三方物流广泛的信息交流使企业对产品的预测更加准确，减少不必要的库存。

3. 企业采用第三方物流的缺点

（1）控制能力低。由于第三方的介入，企业自身对物流的控制能力下降，可能会出现物流失控的风险，从而使企业的客服水平降低。另外，由于外部服务商的存在，企业内部更容易出现缺少主动意识，影响效率。

（2）客户关系管理的风险。由于生产企业是通过第三方来完成产品的配送与售后服务，同客户的直接接触少了，这对建立稳定密切的客户管理非常不利。同时，第三方物流公司并不面对一个客户，在为企业竞争对手提供服务的时候，企业的商业机密被泄露的可能性将增大。

第三方物流提供方如果自身经营不善，则可能给第一、第二方企业的经营造成负面影响。

第三方物流公司提供服务时会在运输工具、员工服装等方面来提升第三方物流公司的整体形象，从而会弱化第一、第二方企业的地位。

10.4.2 第四方物流

第四方物流专门为第一方、第二方和第三方提供物流规划、咨询、物流信息系统、供应链管理等活动的服务。这是在 1998 年美国埃森哲咨询公司率先提出的第四方物流概念。

1. 基本特征

（1）第四方物流是集管理咨询和第三方物流服务的集成商，可以提供一整套完整的供应链解决方案。

（2）第四方物流是通过对供应链产生影响的能力来增加价值，

在向客户提供持续更新和优化的技术方案的同时，满足客户的需求。

（3）在集成供应链技术和外包能力方面处于领先地位，并拥有较雄厚的专业人才；能够管理多个不同的供应商并具有良好的管理和组织能力等。

2. 运作模式

第四方物流组织有较大的灵活性，它能够适应不同的组织，能够被行业结构和行为所塑造，组成灵活的运作模式。主要有以下几种运作模式：

（1）协同运作型。由第四方物流为第三方物流提供其缺少的如信息技术、管理技术，制定供应链策略和战略规划方案等资源，与第三方物流方共同开发市场，具体的物流业务实施则由第三方物流在第四方物流的指导下完成，它们之间一般是商业合同方式或战略联盟合作方式关系。

（2）方案集成型。由第四方物流为客户提供运作和管理整个供应链的解决方案，并利用其成员的资源、能力和技术进行整合和管理，为客户提供全面集成的供应链管理服务。

这种模式的运作一般是在同一行业范围内，供应商和加工制造商等成员处于供应链的上下游和相关的业务范围内，彼此间专业熟悉，业务联系紧密，且有一定的依赖性。

（3）行业创新型。第四方物流通过与各种资源、技术和能力的服务商协作，为多个行业的客户提供供应链解决方案。它以整合供应链的职能为重点，以各个行业的特殊性为依据，领导整个行业供应链实现创新，给整个行业带来改革和最大利益。

（4）动态联盟型。动态联盟是由一些相对独立的如第三方物流、咨询机构、供应商、制造商、分销商和客户等服务商，根据市场机会，通过信息技术相连接，在某个时期内结成的供应链管理联盟。它的组成与解散主要取决于市场机会的存在与消失，以及企业可利用的价值。这些企业在设计、供应、制造、分销等领域里分别为该联盟提供自己的核心能力，实现利润共享和风险分担。①

本章小结

在介绍物流系统管理、物流战略管理及现代物流管理基础上，本章对物流管理领域的重点及热点问题进行了介绍，包括运输管理、仓储管理、第三方物流和第四方物流。运输与仓储是物流管理中的两个

① 吴志奇：《运营管理》，中国人民大学出版社2016年版，第256页。

重点环节，企业管理者有必要加强对其中的运输优化问题和车辆路径问题的认识。

本章关键术语

物流管理、物流系统、物流战略、现代物流、运输方式、运输优化、车辆路径问题、仓储管理、第三方物流、第四方物流。

复习与思考

1. 描述物流系统的特点。
2. 运输的作用是什么？
3. 影响物流运输优化的因素有哪些？
4. 仓储管理包括哪些内容？
5. 第三方物流有什么特点？

第 11 章
质 量 管 理

本章要点

- ✧ 了解质量管理及其发展历程
- ✧ 了解全面质量管理的基本要求
- ✧ 掌握 PDCA 循环
- ✧ 了解六西格玛管理的概念及特点
- ✧ 掌握六西格玛管理的实施步骤
- ✧ 了解质量管理的传统工具和新工具

引导案例

潍柴动力有限公司是柴油发动机专业生产企业。该公司通过了ISO9002/QS9000，TS16949、EAQF94 等一系列国际机构制定的质量体系的认证，由于重汽集团对汽车生产各个环节的质量都加大了管理监控的力度，对供应商的供货产品质量控制也比以往更加严格，为了进一步提高自身管理水平，潍柴动力有限公司就目前该公司的质量工作现状做一次调研，一起研究改进提高公司质量管理工作效率的方法，设计一套应用质量管理工作的信息系统。质量管理系统的建设以实用、高效、先进、可靠和开放为目标，在同行业内达到国内领先水平（目前尚无较成功的质量管理系统先例），使潍柴动力有限公司的质量管理工作走在整个行业的前列。

（资料来源：笔者根据相关资料整理编写）

11.1 质量与质量管理

11.1.1 质量及其内涵

1. 质量的定义

质量包括设计质量和符合性质量两层含义，设计质量即产品或劳务对顾客要求的满足程度，也就是设计得怎么样；符合性质量即产品或劳务的实际性能与其设计性能的符合程度，指的是做得怎么样。

随着ISO9000标准在企业的广泛应用，ISO9000关于质量的定义逐渐为越来越多的人所接受。在1SO9000中质量的定义为：一组固有特性满足要求的程度。这一术语反映了质量管理原则的要求，尤其反映了以顾客为关注点的要求。其核心是满足要求的程度，强调在固有特性与要求之间，要求是主导的、第一位的。

2. 质量的特性

质量具有以下四个特性：

（1）经济性。高质量意味着用最少的投入获得最大的收益。

（2）广义性。质量可以是产品的，也可以是过程和体系的，因此质量具有广义性。

（3）时效性。质量的时效性要求不断调整质量的要求，以满足顾客的需要。

（4）相对性。不同的需求对质量的要求也就不同，因此质量具有相对性。

11.1.2 质量管理

质量管理是组织为了使产品质量能够满足不断更新的质量要求，达到顾客满意而开展的策划、组织、实施、控制、检查、审核和改进等所有相关管理活动的总和。概括起来，质量管理主要包括以下四个方面的内容：质量方针和质量目标的制定，质量策划，质量控制与质量保证，质量改进与持续改进。

（1）质量方针和质量目标的制定。质量方针是由组织的最高管理者正式发布的该组织总的质量宗旨和方向。质量方针是组织全体成员开展质量活动的准则，为质量目标的制定提供了框架和方向。质量目标即组织在质量方面所追求的目的，依据组织的质量方针而制定。通常对组织的相关职能和层次分别制定相应的质量目标。

(2) 质量策划。质量策划致力于制定质量目标并规定必要的运行过程和相关资源以实现质量目标。其内容之一是编制质量计划。质量计划是质量策划的结果之一，是质量策划活动所产生的一种书面文件。

(3) 质量控制与质量保证。质量控制是指为满足质量要求而对产品质量形成全过程中上述两方面的诸因素进行控制，其实质是致力于满足质量要求。质量控制的工作内容包括专业技术和管理技术两个方面。

质量控制的具体方式或方法取决于组织的产品性质，也取决于对产品质量要求的改变。同时，在实际中应明确具体的控制对象，如工序质量控制、外协件质量控制、公司范围的质量控制等。

质量保证是指组织针对顾客和其他相关方要求，对自身在产品质量形成全过程中某些环节的质量控制活动提供必要的证据，以取得信任。

(4) 质量改进与持续改进。质量改进是指组织不断增强在满足质量要求方面的能力。就质量改进而言，要求可以是多个方面的，如有效性、效率或可追溯性。其中，有效性是指完成策划的活动和达到策划结果的程度；效率是指达到结果与所使用的资源之间的关系；可追溯性是指追溯所考虑对象的历史、应用情况或所处场所的能力。持续改进是增强满足要求的能力的循环活动。

11.2　质量管理的发展史

最初的质量管理是检验活动与其他职能分离，出现了专职的检验员和独立的检验部门。

1925 年休哈特提出统计过程控制（SPC）理论——应用统计技术对生产过程进行监控，以减少对检验的依赖。

1930 年道奇和罗明提出统计抽样检验方法。

20 世纪 50 年代戴明提出质量改进的观点最终形成了对质量管理产生重大影响的“戴明十四法”。开始开发提高可靠性的专门方法——可靠性工程。

20 世纪 60 年代初朱兰、费根堡姆提出全面质量管理的概念。戴明、朱兰、费根堡姆的全面质量管理理论在日本被普遍接受。日本企业创造了全面质量控制（TQC）的质量管理方法。统计技术，特别是“因果图”“流程图”“直方图”“检查单”“散点图”“排列图”“控制图”等被称为“老七种”工具的方法，被普遍用于质量改进。

20 世纪 60 年代中期，北大西洋公约组织（NATO）以 MIL－Q－9858A 等质量管理标准为蓝本制定了 AQAP 质量管理系列标准—AQAP 标准。

20 世纪 70 年代 TQC 使日本企业的竞争力极大地提高，其中，轿车、家用电器、手表、电子产品等占领了大批国际市场。因此促进了日本经济的极大发展。日本企业的成功，使全面质量管理的理论在世界范围内产生巨大影响。

20 世纪 80 年代菲利浦·克罗斯比提出“零缺陷”的概念。突破了传统上认为高质量是以低成本为代价的观念。他提出高质量将给企业带来高的经济回报。

质量运动在许多国家展开。包括中国、美国、欧洲等许多国家设立了国家质量管理奖，以激励企业通过质量管理提高生产力和竞争力。质量管理不仅被引入生产企业，而且被引入服务业，甚至医院、机关和学校。许多企业的高层领导开始关注质量管理。全面质量管理作为一种战略管理模式进入企业。

1987 年 ISO9000 系列国际质量管理标准问世——质量管理和质量保证对全世界 1987 年版的 ISO9000 标准很大程度上基于 BS5750。质量管理与质量保证开始在世界范围内对经济和贸易活动产生影响。

1994 年 ISO9000 系列标准改版——新的 ISO9000 标准更加完善，为世界绝大多数国家所采用。第三方质量认证普遍开展，有力地促进了质量管理的普及和管理水平的提高。朱兰博士提出：“即将到来的世纪是质量的世纪”。

20 世纪 90 年代末，全面质量管理（TQM）成为许多“世界级”企业的成功经验证明是一种使企业获得核心竞争力的管理战略。全面质量管理不仅提高了产品与服务的质量，而且在企业文化改造与重组的层面上，对企业产生深刻的影响，使企业获得持久的竞争能力。

11.3 全面质量管理

全面质量管理是指一个组织以质量为中心，以全员参与为基础，目的在于通过顾客满意和本组织所有成员及社会受益而达到长期成功的管理途径。它应用数理统计方法进行质量控制，使质量管理实现定量化，变产品质量的事后检验为生产过程中的质量控制。

11.3.1 全面质量管理的基本要求

全面质量管理的基本要求

1. 全过程的质量管理

从全过程的角度来看，质量产生、形成和实现的整个过程是由多个相互联系和相互影响的环节所组成，每一个环节都或轻或重地影响着最终的质量状况。为此，全过程的质量管理是从市场调研、产品的设计开发、生产作业到销售等全部有关过程的质量管理。要对质量形成全过程的各个环节或有关因素加以控制，形成一个综合性的质量管理体系，以预防为主，防检结合，重在提高。为此，全面质量管理强调如下两个思想。

(1) 预防改进的思想。全面质量管理要求把管理工作的重点从事后把关转移到事前预防上来，从控制结果转变为控制原因，把不合格品消灭在它的形成过程之中，做到“防患于未然”，强调预防为主和不断改进不仅不排斥质量检验，而且要求质量检验更加完善和更加科学。质量检验是全面质量管理的重要组成部分。

(2) 以顾客为中心的思想。顾客有内部和外部之分：外部的顾客可以是最终的顾客，也可以是产品的经销商或再加工者；内部的顾客是企业的部门和人员。实行全过程的质量管理要求企业所有各个工作环节都必须树立为顾客服务的思想。在企业内部要树立“下道工序是顾客”和“努力为下道工序服务”的思想。现代工业生产环环相扣，前道工序的质量会影响后道工序的质量，一道工序出了质量问题就会影响整个过程以至产品质量。全过程的质量管理就意味着全面质量管理要“始于识别顾客的需要，终于满足顾客的需要”。

2. 全员的质量管理

产品和服务质量是企业各方面、各部门、各环节工作质量的综合反映。企业中任何一个环节、任何一个人的工作质量都会不同程度地直接或间接地影响产品质量或服务质量。因此，产品质量人人有责，全体参加质量管理，才能生产出顾客满意的产品。要实现全员的质量管理，应当做好三个方面的工作。

（1）抓好全员的质量教育和培训。教育和培训的目的有两个方面：第一，加强员工的质量意识，牢固树立“质量第一”的思想。第二，提高员工的技术能力和管理能力，增强参与意识。在教育和培训过程中，要分析不同层次员工的需求，有针对性地开展教育和培训。

（2）要制定各部门、各级、各类人员的质量责任制，明确任务和职权，各司其职，密切配合。这就要求企业的管理者要勇于授权、敢于放权，形成一个高效、协调、严密的质量管理工作的系统。

（3）除了质量管理小组之外，还有很多群众性质量管理活动，企业应该发挥员工的创造性，采取多种形式激发全员参与的积极性。

3. 全企业的质量管理

全企业的质量管理可以从纵横两个方面来加以理解。从纵向的组织管理角度来看，质量目标的实现有赖于企业的高层、中层、基层管理者乃至一线员工的通力协作，其中高层管理者能否全力以赴起着决定性的作用。从企业职能间的横向配合来看，要保证和提高产品质量必须使企业研发、维持和改进质量的所有活动构成一个有效的整体。全企业的质量管理可以从两个角度来理解。

（1）从组织管理的角度来看，全企业的质量管理就是要求企业各管理层次都有明确的质量管理活动内容。各层次活动的侧重点不同，高层管理侧重于质量决策，中层管理则要贯彻落实高层的质量决策，基层管理则要求每个员工都要贯彻执行本岗位的质量工作标准。

（2）从质量职能角度看，产品质量职能是分散在全企业的有关部门中的，要保证和提高产品质量，就必须将分散在企业各部门的质量职能充分发挥出来。

全企业的质量管理就是要以质量为中心，领导重视、组织落实、体系完善。

4. 多方法的质量管理

质量管理中广泛使用的质量管理方法有传统的七种工具，包括调查表、分层法、直方图、散点图、排列图、因果图、控制图；还有新七种工具，包括系统图、关联图、KJ 法、矩阵图、矩阵数据分析图、PDPC 法及箭线图。

除了以上方法外，还有很多方法，包括质量功能展开、田口方法、故障模式和影响分析、头脑风暴法、六西格玛法、水平对比法、业务流程再造等。

11.3.2 全面质量管理的PDCA 循环

1. PDCA 循环的概念

PDCA 循环又叫质量环，是管理学中的一个通用模型，最早由休哈特于 1930 年构想出来，后来被美国质量管理专家戴明博士在 1950 年再度挖掘并加以广泛宣传，运用于持续改善产品质量的过程，如图 11－1 所示。

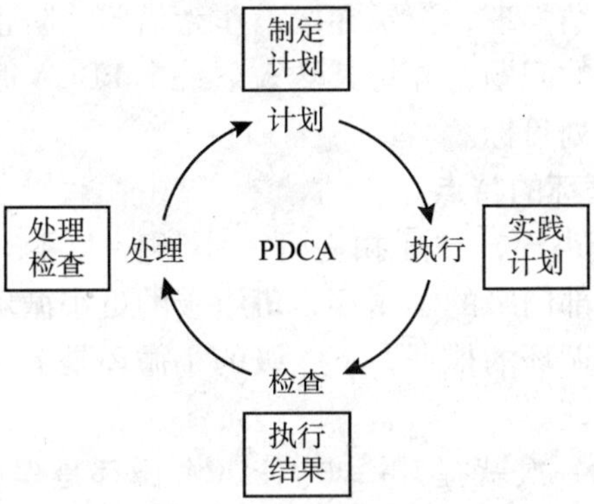

图 11－1　PDCA 循环

（1）P(plan) 计划，包括方针和目标的确定，以及活动规划的制定。

（2）D(do) 实施，根据已知的信息，设计具体的方法、方案和计划；再根据设计进行具体运作，实现计划中的内容。

（3）C(check) 检查，总结执行计划的结果，明确效果，找出问题。

（4）A（action）处置，对成功的经验加以肯定，并予以标准化；对于失败的教训也要总结，引起重视。对于没有解决的问题，应提交给下一个 PDCA 循环去解决。

2. PDCA 循环基本内容

（1）阶段（P）：制定质量目标、活动计划、管理项目和措施方案。

第一步：分析质量现状，找出存在的质量问题，收集有关数据，采用调查表、排列图、直方图、控制图等工具。

第二步：分析质量问题产生的各种原因或影响因素，采用鱼骨图和头脑风暴法等。

第三步：找出影响质量问题的主要原因，采用排列图和相关图等方法。

第四步：针对主要原因制定对策，采取措施，提出执行计划，采用 5W2H 法。

（2）阶段（D）：按照预定的质量计划、目标和措施，落实执行。

（3）阶段（C）：把执行的结果与预定的目标对比，检查与分析。

（4）阶段（A）：总结经验，提出下一个目标。

首先根据检查的结果总结成功的经验和失败的教训，把成功的经验肯定下来，纳入有关的标准和制度，包括修订相关程序或流程，失败的教训也要总结整理，记录在案，作为借鉴，防止再发。然后提出该循环尚未解决的问题，并将其转入下一个 PDCA 循环中去，作为下一个循环中的计划目标。

3. PDCA 循环的特点

（1）大环套小环，一环扣一环，小环保大环，推动大循环。公司级的大循环，部门级的小循环，班组级的更小循环，上一级的大循环是下一级的小循环的根据，下一级的小循环是上一级的大循环的组成部分和具体保证。

（2）每转动一次就提升一步。PDCA 循环是螺旋式上升和发展，通过循环往复，质量问题不断解决，工作质量、管理水平和产品质量就不断提高。

（3）PDCA 四个阶段紧密相连，甚至有时边计划边执行，边执行边检查，边检查边总结，边总结边改进，活动调整交叉进行。

（4）PDCA 在动态循环中不断进入更高一级的水平，提升工作质量和产品质量始终处在动态过程中，永无止境，如图 11－2 所示。

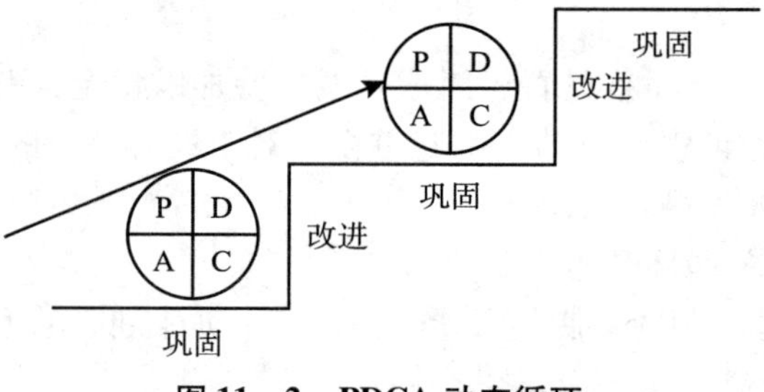

图 11－2 PDCA 动态循环

11.4　六西格玛管理

六西格玛管理

11.4.1　六西格玛管理的内容

六西格玛管理是一种建立在测量、试验和统计学基础上的现代质量管理方法，由摩托罗拉公司于1987年首创，作为全面满足客户需求的关键经营战略。希腊字母σ是统计学中的一个单位，表示与平均值的标准偏差。六西格玛（6σ）质量水平表示在生产或服务过程中有百万次出现缺陷的机会仅出现3.4个缺陷，即合格率达到99.9997%。实行六西格玛质量计划要求管理层全面介入，并由经过特殊培训的内部六西格玛质量计划的专职人员以及项目负责人组织实施，以实现减少偏差，提高过程能力的目的。

11.4.2　六西格玛管理优势

经过大量的时间证明，六西格玛管理具有非常多的优势，主要有：

1. 提升企业管理的能力

六西格玛管理是由数据和事实驱动的。过去企业对管理的理解和对管理理论的理解，更多的是口头和书面的，而六西格玛则把这些转化为实际有效的行动，六西格玛管理已成为追求完美管理的代名词。

2. 节约企业运营成本

企业处理缺陷产品时，一般会废弃或返工，或者召回维修和更换，需要付出巨大代价。据美国统计，一家公司执行六西格玛管理标准的成本，直接与质量问题有关，占其销售收入的10%～15%。

3. 增加客户价值

实施六西格玛管理，可以使企业从认识和满足客户需求，到实现利润最大化方面实现良性循环，公司首先理解并掌握客户需求，然后采用六西格玛管理原则，降低随机性和错误率，从而提高顾客满意度。

4. 提高服务级别

六西格玛管理不仅可以用来提高产品质量，还可以用来改进服务流程，从而大大提高客户服务水平。

5. 形成积极的企业文化

在传统的管理模式下，人们常常感到无所适从，不知道自己的目标，工作处于被动状态。通过六西格玛管理的实施，每个人都知道该怎么做。整个企业充满了热情和效率。员工高度重视质量和顾客要求，力求做到最好。通过培训，他们掌握了规范化、标准化的解决问题的方法，工作效率明显提高。在强有力的管理支持下，员工可以专心工作，减少和消除工作中的消防活动。

11.4.3 六西格玛管理的特点

归纳起来六西格玛管理具有以下特点：

1. 高度关注顾客需求

六西格玛管理更为广泛关注影响顾客满意度。六西格玛管理的绩效评估首先从顾客开始，其改进的程度用对顾客满意度和价值的影响来衡量。六西格玛质量代表了极高的对顾客要求的符合性和极低的缺陷率，它把顾客的期望作为目标，并且不断超越这种期望。

2. 高度依赖统计数据

统计数据是实施六西格玛管理的重要工具，所有的生产表现和执行能力都量化为具体的数据，成果一目了然。

3. 重视业务流程改善

六西格玛管理有一整套严谨的工具和方法来帮助企业推广实施流程优化工作，识别并排除那些不能给顾客带来价值的成本浪费，消除无附加值活动，缩短生产经营循环周期。

4. 突破管理界限

实施六西格玛管理方法的企业的员工会发现缺陷存在于企业的各个角落，管理者和员工应该主动而为，不断寻找问题，不断改善质量，使企业始终处于不断改进质量的过程中。①

5. 强化学习氛围

由于六西格玛管理所追求的品质改进是一个永无止境的过程，而这种持续的改进必须以员工素质的不断提高为基础，因此，有助于形成勤于学习的企业氛围。

11.4.4 六西格玛管理的实施步骤

下面介绍一种用于改进现有过程的方法和程序：

---

① 吴志奇：《运营管理》，中国人民大学出版社 2016 年版，第 270 页。

1. 界定阶段

界定阶段要收集顾客反馈，甄别和确认顾客的关键需求，并识别出需要改进的产品或流程。

2. 测量阶段

测量阶段要充分了解现有流程和产品在满足顾客需求方面存在哪些差距，又有哪些需要继续保持的特征，通过对现有过程的测量和评估，制定期望达到的目标及业绩衡量标准，识别影响过程输出 Y 的输入 X，并验证测量系统的有效性。

3. 分析阶段

通过六西格玛工具，对所有资料进行分析总结，通过数据分析确定影响输出 Y 的关键输入 X，即确定过程的关键影响因素。

4. 改进阶段

找到改进的问题，分析关键因素，然后就是寻找最优改进方案，优化过程输出 Y 并消除或减少关键 X 的影响，使过程的缺陷或变异降至最低，充分满足顾客需求。

5. 控制阶段

一个流程优化的结束意味着下一个质量改进提高的开始，必须将改进成果固化，通过修订文件等方法使成功经验制度化，并通过有效的控制，维持过程改进的成果并寻求进一步提高改进效果的持续改进方法。

11.5　质量管理的工具

质量管理传统工具

根据社会实践的发展，我们按照实践的顺序可以分为传统工具和新工具，以下把主要的工具进行简单介绍：

11.5.1　七种质量管理传统工具

在质量管理中，有一些成熟的质量管理的传统工具，下面对其中的七种传统工具做简单介绍：

（1）调查表。调查表又称检查表，用来系统地收集和积累数据，确认事实，并对数据进行粗略整理和分析的统计图表。

可根据收集数据的目的和数据类型等，自行设计所用的表格，常用的调查表有不合格品项目调查表、缺陷位置调查表、质量分布调查表和矩阵调查表。

（2）分层法。为了把数据和意见进行归类汇总，更能确切地反映客观事实、真实反映产品质量波动的真实原因和变化规律，必须对质量数据、意见等进行适当归类和整理，这种方法称为分层法。

基于不同的分层标志，有多种分层方法，常用的分层标志有时间、意见和观点等。

分层法常用于归纳整理所收集到的统计数据，或归纳汇总由头脑风暴法所产生的意见和想法。分层法常与其他方法结合起来应用，如分层直方图法、分层排列图法、分层控制图法、分层散点图法、分层因果图法和分层调查表法等。

（3）直方图。直方图又称质量分布图，是通过对测定或收集来的数据加以整理，来判断和预测生产过程质量和不合格品率的一种常用工具。

直方图法适用于对大量计量值数据进行整理加工，找出其统计规律，分析数据分布的形态，以便对其总体的分布特征进行分析。直方图的基本图形为直角坐标系下若干依照顺序排列的矩形，各矩形底边相等，称为数据区间，矩形的高为数据落入各相应区间的频数。

直方图能比较形象、直观、清晰地反映产品质量的分布情况，观察直方图时，应该着眼于整个图形的形态，对于局部的参差不齐不必计较。根据形状判断它是正常型还是异常型，如果是异常型，还要进一步判断它是哪种类型，以便分析原因，采取措施。常见的直方图形状大体如图 11－3 所示。

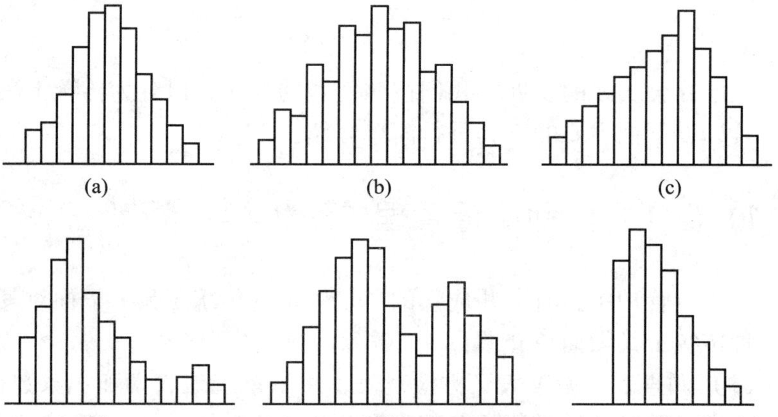

图 11－3　直方图的几种典型形状

（4）散点图。散点图是研究两个变量之间相互关系的图示方法，是一种简单的回归分析技术。在质量管理中，常常需要研究两个或多个变量之间的关系，其中有些是确定的函数关系，有些则是有关但不完全确定的关系，这些关系即为散点图的研究对象。在散点图中，成对的数据形成点子云，研究点子云的分布状态，即可推出数据间的相关程度。图 11－4 给出了散点图的典型图例。

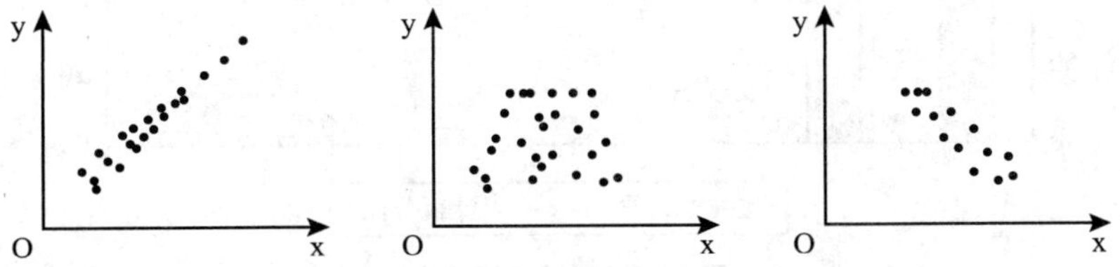

图 11－4　散点图的典型图例

（5）排列图。排列图又叫帕累托图，排列图的全称是主次因素分析图，它是将质量改进项目按照最重要到最不重要顺序进行排列的一种简单图示技术。

质量管理运用排列图对有关产品质量的数据进行分类排列，用图形表明影响产品质量的关键所在，从而了解对质量影响最大的因素，制定有针对性的工作改善质量，取得最佳效果。

排列图由两个纵坐标、一个横坐标、几个直方图和一条曲线组成。左边的纵坐标表示频数，右边的纵坐标表示累计百分数，横坐标表示影响产品质量的各个因素，按影响程度的大小从左至右排列；直方图的高度表示某个因素影响的大小；曲线表示各因素影响大小的累计百分数，这条曲线称为帕累托曲线。通常将累计百分数分为三个等级，累计百分数在 0～80% 的因素为 A 类主要因素，累计百分数在 80%～90% 的因素为 B 类次要因素，累计百分数在 90%～100% 的为 C 类一般因素，如图 11－5 所示。

（6）因果图。因果图是以结果为特性，以原因作为因素，在它们之间用箭头联系起来表示因果关系的图形，又叫特性要因图，或形象地称为树枝图或鱼刺图，是由日本质量管理学者石川馨在 1943 年提出的，所以也称为石川图。

因果图是利用头脑风暴法的原理，集思广益，寻找影响质量、时间、成本等问题的潜在因素，是从产生问题的结果出发，首先找出产生问题的大原因，然后再通过大原因找出中原因，再进一步找出小原因，依次类推下去，步步深入，一直到能够采取措施为止。图 11－6

展示了一个次品的因果图。

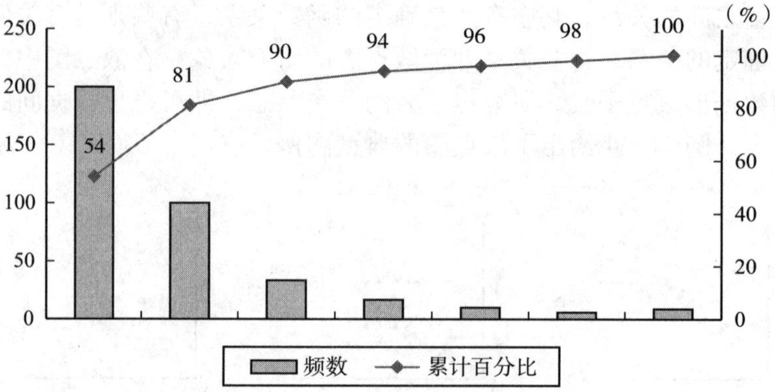

图 11－5　排列图示例

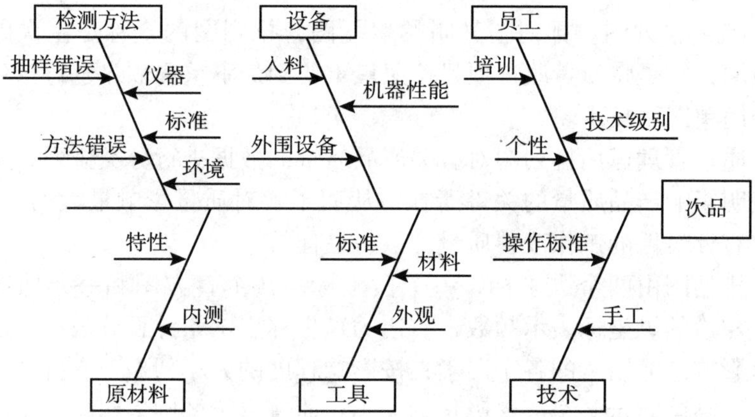

图 11－6　因果图示例

（7）控制图。控制图又叫管制图，是对过程质量特性进行测定、记录、评估，从而观察过程是否处于控制状态的一种用统计方法设计的图。图上有三条平行于横轴的直线：中心线（CL）、上控制线（UCL）和下控制线（LCL），并有按时间顺序抽取的样本统计量数值的描点序列。UCL、CL、LCL 统称为控制线，通常控制界限设定在正负 3 个标准差的位置。中心线是所控制的统计量的平均值，上下控制界限与中心线相距数倍标准差。若控制图中的描点落在 UCL 与 LCL 之外或描点在 UCL 和 LCL 之间的排列不随机，则表明过程异常。图 11－7 展示了一个控制图的样本。

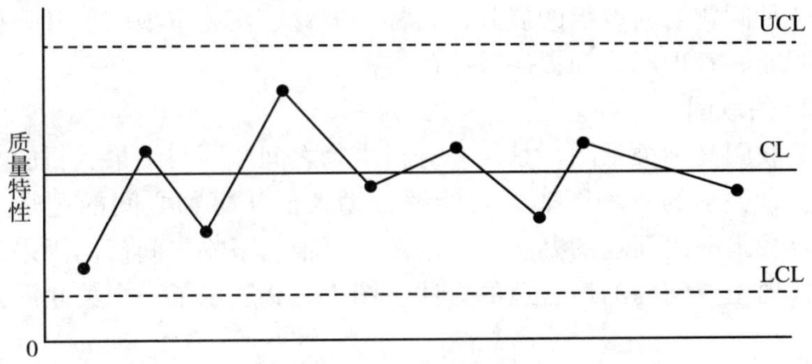

图 11－7　控制图示例

控制图应用界限区分过程是否有显著变化或存在异常事件。由于控制限的设定要以数据为基础，所以在收集一定量有代表性的数据之前是无法确定控制限的。如果错误使用控制限，不但会对使用者造成困扰，而且会对那些通过图表监控以实现过程改进的措施起反作用。

11.5.2　质量管理的七种新工具

随着社会经济的发展，在实践中又逐渐形成了七种质量管理新工具。

1. 系统图

系统图又叫树图，是将目的和手段相互联系起来逐级展开的图形表示法，利用它可系统分析问题的原因并确定解决问题的方法。系统图的具体做法是对要达到的目的所需要的手段逐级深入，图 11－8 展示了一个系统图。

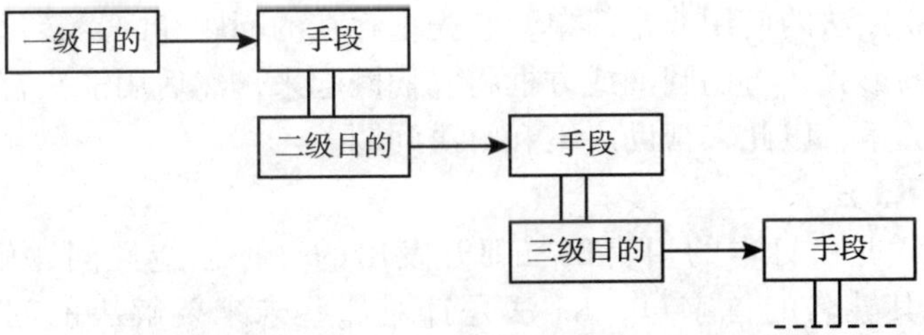

图 11－8　系统图示例

系统图的主要用途有：在开发新产品中，把用户要求具体转化为设计质量并将设计质量目标加以展开；质量保证活动的展开，建立质量保证体系；作为因果图灵活使用；用以解决企业内质量、成本、产量等各种问题的新设想的展开；目标、方针、实施事项的展开；探求部门职能、管理职能和提高效率的方法。

2. 关联图

关联图又称关系图，是用来分析事物之间原因与结果、目的与手段等复杂关系的一种图表，它能够帮助人们从事物之间的逻辑关系中，寻找出解决问题的办法。关联图法是根据事物之间横向因果逻辑关系找出主要问题的最合适的方法。图 11－9 展示了一个关联图。

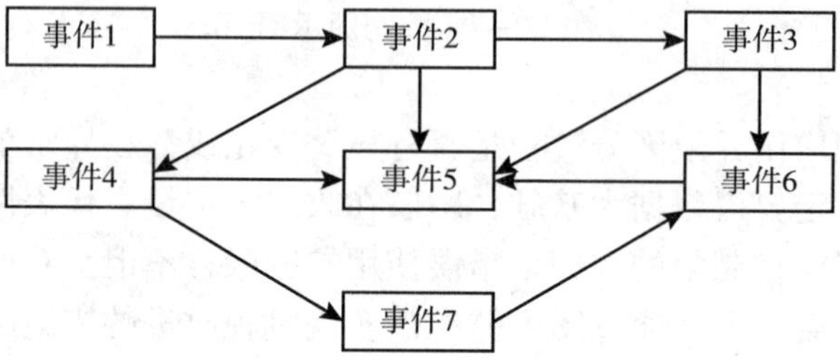

图 11－9　关联图示例

关联图的主要用途：

（1）推行全面质量管理工作，指导从何处着手以及如何着手。

（2）制定和实施质量保证的方针和目标。

（3）研究解决提高产品质量和减少不良产品的措施。

（4）促进质量管理小组活动的深入开展。

（5）从大量的质量问题中找出主要问题和重点项目。

（6）研究满足用户的质量、交货期、价格及减少索赔的要求和措施。

（7）研究解决如何用工作质量来保证产品质量问题。

关联图法的使用非常简单，它先把存在的问题和因素转化为短文或语言的形式，再用圆圈或方框将它们圈起来，然后用箭头符号表示其因果关系，以此来帮助决策和解决问题。

3. KJ 法

KJ 法是由日本的川喜田二郎开发出的一种创造性问题解决法，KJ 取自其姓名的首字母，KJ 法是针对那些未来要解决的问题或未知、未接触过的领域的问题，收集与之有关的想法、意见等语言文字资料，并根据其内在的相互关系（亲和性）做成归类合并图，从中找出应解决的问题并明确问题的形态。KJ 法具有与统计方法不同的鲜明特点，它属于问题发现型，而非假设查证型。

该方法对收集到的语言文字资料侧重于综合分析和分层，主要用感情、灵感等来归纳问题，无须量化，这是与其他几种工具的不同之处。

KJ 法的主要用途：

（1）用于认识事物。在未知和无经验的情况下，事物是杂乱无章的，必须弄清每一个有关的事实，冷静分析掌握实际资料，决不可以从既定的概念和假设出发看问题。

（2）用于形成构思。对于未知和无经验的领域，必须收集与课题有关的事实资料，收集他人意见和自己片段见解进行归纳，系统地形成自己的看法。

（3）用于打破现状。这种情况与用于形成构思相同，但前者是从一无所有的状态出发，后者是以打破现状出发。

（4）用于彻底更新。在学习和仿效前人构成的思想体系的基础上来归纳自己的思想体系和理论体系。

（5）用于策划组织工作。单纯把各方面的人员集中还不能解决问题，必须使他们相互了解，相互理解，相互促进工作。

（6）用于彻底地贯彻方针。领导者要使自己的观点和方针得到贯彻，可以根据讨论所得到的语言资料，以口头形式向下级传达自己的方针，并可反复进行，以达到彻底贯彻的目的。

4. 矩阵图

矩阵图是通过多因素综合思考，探索解决问题的方法。矩阵图借助数学上矩阵的形式把影响问题的各对应因素，列成一个矩阵图，然后根据矩阵的特点找出确定关键点的方法。

矩阵图的用途十分广泛，在质量管理中，常用矩阵图法解决以下问题：

（1）把系列产品的硬件功能和软件功能相对应，从中找出研制新产品或改进老产品的切入点。

（2）明确应保证的产品质量特性及其与管理机构或保证部门的关系，使质量保证体制更可靠。

（3）明确产品的质量特性与试验测定项目、试验测定仪器之间的关系，力求强化质量评价体系或使之提高效率。

（4）当生产工序中存在多种不良现象，且具有若干共同原因时，希望搞清这些不良现象及其原因的相互关系，进而消除这些不良现象。

（5）进行多变量分析和研究，确定着手方式以及收集相关数据。

5. 矩阵数据分析图法

矩阵数据分析图是多变量质量分析的一种方法。矩阵数据分析图与矩阵图有些类似，其主要区别是：不是在矩阵图上填符号，而是填数据，形成一个数据分析的矩阵。其基本思路是通过收集大量数据，组成相关矩阵，求出相关数矩阵，并求出矩阵的特征值和特征向量，确定出第一主成分、第二主成分等。通过变量变换的方法，将众多的线性相关指标转换为少数线性无关的指标（由于线性无关，就使得分析与评价指标变量时，切断相关的干扰，找出主导因素，做出更准确的估计），显示出其应用价值，这样就找出了进行研究攻关的主要目标或因素。所以，它是质量管理新七种工具中唯一利用数据分析问题的方法。

矩阵数据分析图法可以应用于市场调查，新产品开发、规划和研究，以及工艺分析等方面。其主要用途有以下几方面：

（1）根据市场调查的数据资料，分析用户对产品质量的期望。

（2）分析由大量数据组成的不良因素。

（3）分析复杂因素相互交织在一起的工序。

（4）把功能特性分类体系化。

（5）进行复杂的质量评价。

（6）分析曲线的对应数据。①

6. PDPC 法

PDPC 即过程决策程序图法，是在制定计划阶段或进行系统设计时，事先预测可能发生的不理想事态或结果，从而设计出一系列对策措施以最大的可能引向达到理想结果。该法可用于防止重大事故的发生，因此也称之为重大事故预测图法。如图 11－10 所示。

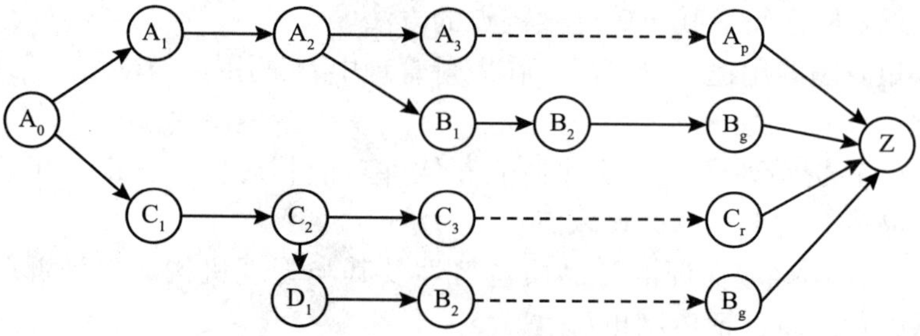

图 11－10　过程决策程序图示例

PDPC 法的应用范围：

（1）用于产品安全性和可靠性设计，对有关安全的重大事故进行预测，相应采取预防性措施等。

（2）制定目标管理中的实施计划。

① 吴志奇：《运营管理》，中国人民大学出版社 2016 年版，第 284 页。

（3）制定研制项目的实施计划。

（4）制定预防制造中出现不良因素的措施。

（5）找出或选择谈判过程中的对策等。

7. 箭线图

箭线图又称矢线图或双代号网络图（AOA），是关键路线法和计划评审技术在质量管理中的具体应用。具体如图 11－11 所示。

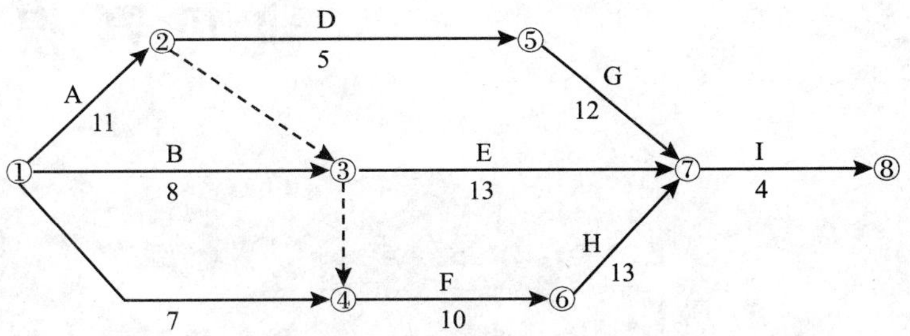

图 11－11 箭线图

本章小结

本章在对质量、质量管理及质量管理发展历程进行介绍的基础上，从基本要求和基本工作方法两个方面介绍了全面质量管理，并介绍了六西格玛管理的特点和实施步骤。企业管理者可以从学习 PDCA 循环的过程中，体会到全面质量管理系统、全面和动态的特点。介绍了调查表、分层法和直方图等七种传统工具，也对系统图、关联图和 KJ 法等七种新工具进行了相关介绍。

本章关键术语

质量、质量管理、全面质量管理、PDCA 循环、六西格玛管理、调查表、分层法、直方图、散点图、排列图、因果图、控制图、系统图、关联图、KJ 法矩阵图、矩阵数据分析图。

复习与思考

1. 全面质量管理的基本要求是什么？
2. 请描述 PDCA 循环的基本内容。
3. 六西格玛管理的实施步骤是什么？
4. 七种传统工具中，对哪一种印象最深刻？为什么？
5. 七种新工具中，对哪一种印象最深刻？为什么？

第 12 章 新运营模式

本章要点

- ✧ 了解现代企业运营环境和现状
- ✧ 了解准时化生产原则和内容
- ✧ 了解精益生产原则、看板管理和实施内容
- ✧ 了解并行工程特点、功能和实施步骤
- ✧ 了解敏捷制造特征
- ✧ 了解计算机集成制造系统的特点和发展
- ✧ 了解大规模制造模式和企业间的关系

引导案例

天津奥的斯（OTIS）电梯有限公司由于运营模式等原因造成产品质量不好，交货常常不准时，影响了企业的信誉，在1995年下半年的一次出口质量事故，导致韩国索赔100万美元，为此，OTIS亚洲总部于1995年底给该厂黄牌警告。由于事关企业生死存亡，企业上下人人都有一种危机感，采取了一系列改革措施，如精简组织机构、采用丰田生产方式进行设备布局和管理等。经过两年多的运营，当亚洲总部再次来检查时，企业发生了翻天覆地的变化。以前那个脏、乱、差的现象已经转变，成为一个设备布局合理、工具存放有序、在制品和运输车辆摆放整齐、员工朝气蓬勃企业。

（资料来源：笔者根据相关资料整理编写）

12.1 现代企业运营现状

12.1.1 现代企业运营环境

随着科学技术的不断发展，经济的全球化，买方市场的逐步形成，特别是顾客的个性化要求，让现代企业处于既充满着机遇、又富于挑战的复杂的竞争环境，给企业的运营管理带来了重大的影响。

总的来说，现代企业面临的环境有如下几个方面情况：

1. 信息技术的影响

信息革命是当今社会发展的趋势。信息技术也正在向企业生产与运营领域注入和融合，促进了制造技术和各种先进生产模式的发展，如集成制造技术、并行工程、精益生产和敏捷制造等，都是以信息技术作为支撑。

2. 个性化买方市场的影响

随着社会经济的发展及人们生活水平的提高，人们的消费观念和消费形态都在发生重大的转变，更加注重体现个人感受特性的个性化服务，主要体现在以下几个方面：

（1）需求多样化、个性化。当今的用户已不满足于从市场上买到标准化生产的产品，他们希望得到按照自己要求定制的产品或服务，并且产品价格要向大批量生产的那样低廉。这些变化导致产品生产方式革命性的变化。现在的企业必须具有根据每一个顾客的特别要求定制产品或服务的能力，即所谓的“一对一”的定制化服务。

（2）响应速度要求越来越高。竞争的主要因素从成本因素，质量因素，转变为时间因素。用户不但要求厂家要按期交货，而且要求的交货期越来越短。企业要有很强的产品开发能力，不仅指产品品种，更重要的是指产品上市时间，即尽可能提高对客户需求的响应速度。因此，缩短产品的开发、生产周期，在尽可能短的时间内满足用户要求，已成为当今所有管理者最为关注的问题之一。

3. 产品更新的影响

首先，由于个性化买方市场的形成，促使企业必须不断开发新产品，以满足顾客不断变化的需求；其次，科学技术的飞速发展和市场竞争的日益加剧，从技术上确保产品以前所未有的规模和速度进行更新换代，从而大大缩短了产品的寿命周期，摩尔定律依然发挥作用。最后，企业之间竞争的日益加剧，意味着企业必须依靠不断地推出新产品才能开拓新市场，以确保竞争优势。

4. 经济全球化的影响

许多国家的产业，包括工业、金融、投资、运输、通信和科技等，都在全球范围内打破了国家和地区的界限而融为一体。经济的全球化主要表现在如下几个方面：

（1）商品全球化。商品全球化越发展，使得各国之间的经济交流越频繁，贸易量将大为提高，各国之间在生产和消费上的依赖程度也将不断加深。

（2）资本全球化。国际间直接投资的迅速增长和跨国公司的不断发展，使国际间资本流动规模巨大，而且国际资本的形式也日益多样化。

（3）生产全球化。各国在生产经营过程中，相互渗透，互通有无，把以往一个国家内部范围的分工和协作关系，发展成为一系列国家之间的国际分工和协作关系，出现了大量的全球工厂，越来越多的产品成为“全球产品”。

（4）技术全球化。发达国家在输出资本的同时也输出了技术，包括管理技术。当然技术的输出大部分是有偿的。技术的输出加速了世界经济的发展。

12. 1. 2　现代企业运营系统的发展

在现实的经济生活中，企业为了争夺市场，根据不同用户的不同需求常常采用市场细分化的运营战略，用户对产品有各种各样的要求，归纳起来可以分为六个方面，即：品种款式、质量、数量、价格、服务和交货期。

新的运营方式具有以下特点：以技术为中心向以人为中心转变；从多层次生产组织结构向扁平的网络结构转变；从以往传统的顺序工作方式向并行工作方式转变；从按功能划分部门的固定组织形式向动态的、自主管理的小组工作组织形式转变；从符合性质量观向满意性质量观转变。

12.2 准时化生产

12.2.1 准时化生产方式概述

1. 准时化生产的产生和发展

准时化生产方式（just in time，JIT）是日本丰田公司研究和开始实施的生产管理方式。从20世纪70年代，丰田汽车公司采用准时化生产方式方式将丰田的交货期和产品质量提高到了全球领先的地位，这种生产方式的核心是追求一种无库存的生产系统，或使库存达到最小的生产系统。

通过JIT思想的应用，使企业管理者将精力集中于生产过程本身，通过生产过程整体优化、改进技术、理顺物流、杜绝超量生产，消除无效劳动和浪费，有效地利用资源，降低成本，改善质量，达到用最少的投入实现最大产出的目的。

虽然准时化生产方式诞生在丰田汽车公司，但它适用行业更广泛。JIT生产方式作为一种彻底追求生产过程合理性、高效性和灵活性的生产管理技术，它已被广泛应用于世界上许多汽车、机械、电子、计算机和飞机制造等行业中。

2. JIT生产方式的目标

JIT生产方式的最终目标就是获取最大利润。JIT生产方式力图通过“彻底消除浪费”来达到这一目标。丰田汽车公司把浪费定义为“只使成本增加的生产诸因素”，他们认为不会带来任何附加价值的各种因素。最主要的有生产过剩（即库存）所引起的浪费。为了避免浪费，就制定出适量生产、弹性配置作业人数、保证质量三个子目标。

3. JIT生产方式的原则

对应于三个子目标，JIT生产方式也可以概括为下述三个方面：

（1）适时适量生产。只在市场需要的时候生产市场需要的产品，JIT的这种思想与历来的有关生产及库存的观念截然不同。对于企业来说，各种产品的产量必须能够灵活地适应市场需求的变化。实施适时、适量生产可以避免生产过剩会引起人员、设备、库存费用等一系列的浪费。

（2）弹性配置作业人数。降低劳动费用是降低成本的一个重要方面。达到这一目的的方法是“减少人员”。所谓减少人员，是指根据生产量的变动，弹性地增减各生产线的作业人数，以及尽量用较少的人力完成较多的生产。这关键在于能否将生产量减少了的生产线上的作业人员数量减下来。这种“减少人员”技术一反历来的生产系统中的“定员制”，是一种全新的人员配置方法。为了适应这种变更，作业人员必须是具有多种机能的“多面手”。

（3）雇员保证。在JIT生产方式中，通过将质量管理贯穿于每一工序之中来实现提高质量与降低成本的一致性，具体通过生产组织中的两种机制实现：第一，使设备或生产线能够自动监测不良产品，一旦发现异常或不良产品，可以自动停止的设备运行机制。为此在设备上开发、安装了各种自动停止装置和加工状态监测装置；第二，生产第一线的设备操作人员发现产品和设备的问题时，有权自动停止生产的管理机制。依靠这样的机制，不良产品一出现马上就会被发现，防止了不良产品的重复出现或累计出现，从而避免了由此可能造成的大量浪费。而且，由于一旦发生异常，生产线或设备就立即停止运行，比较容易找到异常的原因，从而能够针对性地采取措施，防止类似异常情况的再发生，杜绝类似不良品的再产生。

4. 实现JIT生产的具体方法

为了实现适时、适量生产，首先需要致力于生产的同步化。即工序间不设置仓库，前一工序的加工结束后，使其立即转到下一工序去，装配线与机械加工几乎平行进行。在必须成批生产的工序，则通过尽量缩短作业更换时间来尽量缩小生产批量。生产的同步化通过“后工序领取”这样的方法来实现制造工序的最后一道即总装配线成为生产的出发点，生产计划只下达给总装配线，以装配为起点，在需要的时候，向前工序领取必要的加工品，而前工序提供该加工品后，为了补充生产被领走的量，必向更前道工序领取物料，这样把各个工序都连接起来，实现同步化生产。

生产均衡化是实现适时、适量生产的前提条件。所谓生产的均衡化，是指总装配线在向前工序领取零部件时应均衡地使用各种零部件，生产各种产品。在制造阶段，均衡化通过专用设备通用化和制定标准作业来实现。所谓专用设备通用化，是指通过在专用设备上增加一些工具的方法使之能够加工多种不同的产品。标准作业是指将作业节拍内一个作业人员所应担当的一系列作业内容标准化。

12.2.2　JIT 与 MRP 的比较

MRP Ⅱ和 JIT 是两种现代化的生产计划与作业控制系统，它们服务于共同的管理目标即提高生产效率、减少费用和改善用户服务。同时，它们之间也存在明显的差别，各具特点，适用于不同的生产环境，主要区别可简单概括如下。

（1）适用于不同生产环境。正如美国库存管理专家瓦尔特·哥达德指出的那样：JIT 适用于生产高度重复性产品的生产环境；MRP 则适用于批量生产、按用户订单生产、产品多变的生产环境。MRP Ⅱ以计算机为工具，需要一定的硬件、软件，投资费用高；而 JIT 的物料计划、能力计划、车间控制都可以由人工系统完成，不一定需要计算机系统。

（2）管理的范围不同。MRP 管理的范围比 JIT 广，它能用于计划工具、维修等其他活动的物料需求，辅助财务计划。MRP Ⅱ集成一个企业生产管理的许多功能，它能作为一个经营战略计划系统，也可作为一个生产控制系统使用。

（3）管理思想的差异。JIT 起源于日本，它与在美国发展起来的 MRP Ⅱ系统的不同体现了两国不同的管理思想，对待库存、批量、质量和提前期不同的处理方式。

12.2.3　看板管理

1. 看板的基本概念

看板方式作为一种进行生产管理的方式，是 JIT 生产方式最显著的特点。但把 JIT 生产方式与看板方式等同起来。JIT 生产方式是一种生产管理技术，而看板只不过是一种管理手段。看板只有在工序一体化、生产均衡化、生产同步化的前提下，才有可能运用。在引进 JIT 生产方式以及看板方式时，最重要的是对现存的生产系统进行全面改组。

2. 看板的机能

（1）生产以及运送的工作指令。看板中记载着生产量、时间、方法、顺序以及运送量、运送时间、运送目的地、放置场所、搬运工具等信息，从装配工序逐次向前工序追溯，在装配线将所使用的零部件上所带的看板取下，以此再去前工序领取。“后工序领取”以及“适时适量生产”就是这样通过看板来实现的。

（2）防止过量生产和过量运送。看板必须按照既定的运用规则来使用。其中一条规则是："没有看板不能生产，也不能运送"。根据这一规则，看板数量减少，则生产量也相应减少。由于看板所表示的只是必要的量，因此通过看板的运用能够做到自动防止过量生产以及适量运送。

（3）进行"目视管理"的工具。看板的另一条运用规则是："看板必须在实物上存放"，"前工序按照看板取下的顺序进行生产"。根据这一规则，作业现场的管理人员对生产的优先顺序能够一目了然，易于管理。

（4）改善的工具。在JIT生产方式中，通过不断减少看板数量来减少在制品的中间储存。在一般情况下，如果在制品库存较高，即使设备出现故障，不良品数目增加也不会影响到后道工序的生产，所以容易把这些问题掩盖起来。而且即使有人员过剩，也不易察觉。根据看板"不能把不良品送往后工序"的运用规则，后工序所需得不到满足，就会造成全线停工，由此可立即使问题暴露，从而必须立即采取改善措施来解决问题。这样通过改善活动不仅使问题得到了解决。也使生产线的"体质"不断增强，带来了生产率的提高。JIT生产方式的目标是要最终实现无储存生产系统，而看板提供了一个朝着这个方向迈进的工具。

3. 看板的种类

实际生产管理中使用的看板形式很多。常见的有塑料夹内装着的卡片或类似的标识牌、运送零件小车、工位器具或存件箱上的标签、指示部件吊运场所的标签、流水生产线上各种颜色的小球或信号灯等。

使用最多的看板有两种：传送看板（即拿取看板）和生产看板（订货看板）。它们一般都做成10cm×20cm的尺寸，传送看板标明后一道工序向前一道工序拿取工件的种类和数量，而生产看板则标明前一道工序应生产的工件的种类和数量。

4. 看板的使用规则

为使看板系统有效运行，必须严格遵循使用规则，培训全体操作人员理解规则，并设立一定的奖惩制度认真贯彻规则。规则主要内容有以下五点：

（1）不合格不交后工序。JIT方式认为制造不合格件是最大浪费，如果不能及时解决不合格品问题，后工序就会停产。不合格件积压在本工序，本工序的问题就很快暴露出来，使管理人员、监督人员不得不共同采取对策，防止再发生类似问题。

（2）后工序来取件。改变生产“供给后工序”的传统做法，由后工序向前工序取件，不能领取超过看板规定的数量，领取工件时，须将看板系在装工件的容器上。

（3）只生产后道工序领取的工件数量。超过看板规定的数量不生产，同时完全按看板出现的顺序生产。

（4）均衡化生产。如果后道工序在领取工件的时间和数量方面没有规律，波动较大，前道工序就需按后道工序最大需求来安排其设备能力和人力，这是很不经济的。因此，看板管理只适用于需求波动较小和重复性生产系统。

（5）利用减少看板数量来提高管理水平。在生产系统中库存水平由看板数量来决定，因为每一块看板代表着一个标准容器容量的工件，用减少看板数量、减少标准容量的方法，可减低库存水平。

12.3 精益生产

12.3.1 精益生产的产生和概念

精益生产是美国麻省理工学院在一项名为“国际汽车计划”的研究项目中提出来的。它们在做了基于对日本丰田生产方式的大量调查和对比后，于1990年提出的一种生产管理方法，也有人认为是一种制造模式。其核心是追求消灭包括库存在内的一切“浪费”，并围绕此目标发展了一系列具体方法，逐渐形成了一套独具特色的生产经营管理体系。

1. 精益生产的产生

1950年丰田英二和大野耐一进行了一系列的探索和实验，经过30多年的努力，终于形成了完整的丰田生产方式，使日本的汽车工业超过了美国，产量达到了1 300万辆，占世界汽车总量的30%以上。

丰田生产方式是日本工业竞争战略的重要组成部分，它反映了日本在重复性生产过程中的管理思想。丰田生产方式的指导思想是，通过生产过程整体优化，改进技术，理顺物流，杜绝超量生产，消除无效劳动与浪费，有效利用资源，降低成本，改善质量，达到用最少的投入实现最大产出的目的。

2. 精益生产概念

精益生产又称精良生产，其中“精”表示精良、精确、精美；“益”表示利益、效益等。就是及时制造，消灭故障，消除一切浪费，向零缺陷、零库存进军。它是对准时化生产方式的进一步提炼。在生产组织上，与泰勒方式相反，不是强调细致的分工，而是强调企业各部门相互合作的综合集成。

精益生产综合了大量生产与单件生产方式的优点，力求在大量生产中实现多品种和高质量产品的低成本生产。

精益生产的目标被描述为“在适当的时间使适当的东西到达适当的地点，同时使浪费最小化和适应变化”。精益生产的原则使公司可以按需求交货，使库存最小化，尽可能多使用掌握多门技能的员工，使管理结构扁平化，并把资源集中于需要它们的地方。精益生产的方法论不但可以减小浪费，还能够增进产品流动和提高质量。

精益生产的基本目的是，要在一个企业里同时获得极高的生产率、极佳的产品质量和很大的生产柔性；在生产组织上，它与泰勒方式不同，不是强调过细的分工，而是强调企业各部门相互密切合作的综合集成。综合集成并不局限于生产过程本身，还包括重视产品开发、生产准备和生产之间的合作和集成。

3. 精益生产的内涵

精益生产不仅要求在技术上实现制造过程和信息流的自动化，更重要的是从系统工程的角度对企业的活动及其社会影响进行全面的、整体的优化。精益生产体系从企业的经营观念、管理原则到生产组织、生产计划与控制、作业管理以及对人的管理等各方面、都与传统的大量生产方式有明显的不同。

首先，精益生产方式在产品质量上追求尽善尽美，保证用户在产品整个生命周期内都感到满意。其次，精益生产方式在企业内的生产组织上，充分考虑人的因素，采用灵活的小组工作方式和强调相互合作的并行工作方式。再次，精益生产方式在物料管理方面，准时的物料后勤供应和零库存目标使在制品大大减少，节约了流动资金。最后，精益生产方式在生产技术上采用适度的自动化技术又明显提高了生产效率。所有这一切，都使企业的资源能够得到合理的配置和充分的利用。

此外，精益生产还反映了在重复性生产过程中的管理思想，其指导思想是：通过生产过程整体优化，改进技术，理顺各种流程，杜绝超量生产，消除无效劳动与浪费，充分、有效地利用各种资源，降低成本，改善质量，达到用最少的投入实现最大产出的目的。

12.3.2　精益生产的核心——精益思想

精益思想是精益生产的核心思想，它包括精益生产、精益管理、精益设计和精益供应等一系列思想，其核心是以较少的人力、较少的设备、在较短的时间和较小的场地内创造出尽可能多的价值；同时也越来越接近客户，提供给他们确实需要的东西。

精益思想要求企业找到最佳的方法确立提供给顾客的价值，明确每一项产品的价值流，使产品在从最初的概念到到达顾客的过程中流动顺畅，让顾客成为生产的拉动者，在生产管理中精益求精、尽善尽美。价值观、价值流、流动、拉动和尽善尽美的概念进一步发展成为应用于产品开发、制造、采购和服务顾客各个方面的精益方法。可以概括为：

1. 价值观

精益思想认为企业产品（服务）的价值只能由最终用户来确定，价值也只有满足特定用户需求才有存在的意义。精益思想重新定义了价值观与现代企业原则，它同传统的制造思想，即主观高效率地大量制造既定产品向用户推销，是完全对立的。

2. 价值流

价值流是指从原材料到成品赋予价值的全部活动。识别价值流是实行精益思想的起步点，并按照最终用户的立场寻求全过程的整体最佳。精益思想的企业价值创造过程包括：从概念到投产的设计过程；从订货到送货的信息过程；从原材料到产品的转换过程；全生命周期的支持和服务过程。

3. 流动

精益思想要求创造价值的各个活动（步骤）流动起来，强调的是“动”。传统观念是“分工和大量才能高效率”，但是精益思想却认为成批、大批量生产经常意味着等待和停滞。精益将所有的停滞作为企业的浪费。

精益思想号召“所有的人都必须和部门化的、批量生产的思想做斗争，因为如果产品按照从原材料到成品的过程连续生产的话，工作几乎总能完成得更为精确有效”。

4. 拉动

“拉动”的本质含义是让用户按需要拉动生产，而不是把用户不太想要的产品强行推给用户。拉动生产通过正确的价值观念和压缩提前期，保证用户在要求的时间得到需要的产品。

实现了拉动生产的企业具备当用户需要时，就能立即设计、计划和制造出用户真正需要的产品的能力；最后实现抛开预测，直接按用户的实际需要进行生产。流动和拉动将使产品开发周期、订货周期、生产周期降低 50% ~90%。

5. 尽善尽美

精益制造的目标是通过尽善尽美的价值创造过程（包括设计、制造和对产品或服务的整个生命周期的支持）为用户提供尽善尽美的价值。精益制造的尽善尽美有三个含义：用户满意、无差错生产和企业自身的持续改进。

12.3.3 精益生产的实施

精益生产的研究者总结出精益生产实施成功的五个步骤：

1. 选择关键流程改进

精益生产方式不是一蹴而就的，它强调持续的改进。首先应该先选择关键的流程，力争把它建成一条样板线。

2. 画价值流程图

价值流程图是一种用来描述物流和信息流的方法。在绘制完目前状态的价值流程图后，可以描绘出一个精益远景图。在这个过程中，更多的图标用来表示连续的流程，各种类型的拉动系统，均衡生产以及缩短工装更换时间，生产周期被细分为增值时间和非增值时间。

3. 持续开展改进研讨会

精益远景图必须付诸实施，否则规划得再巧妙的图表也只是废纸一张。实施计划中包括什么（what），什么时候（when）和谁来负责（who），并且在实施过程中设立评审节点。这样，全体员工都参与到全员生产性维护系统中。在价值流程图、精益远景图的指导下，流程上的各个独立的改善项目被赋予了新的意义，使员工十分明确实施该项目的意义。持续改进生产流程的方法主要有以下几种：消除质量检测环节和返工现象；消除零件不必要的移动；消灭库存；合理安排生产计划；减少生产准备时间；消除停机时间；提高劳动利用率。

4. 营造企业文化

虽然在车间现场发生的显著改进，能引发随后一系列企业文化变革，但是如果想当然地认为由于车间平面布置和生产操作方式上的改进，就能自动建立和推进积极的文化改变，这显然是不现实的。文化的变革要比生产现场的改进难度更大，两者都是必须完成并且是相辅相成的。许多项目的实施经验证明，项目成功的关键是公司领导要身体力行地把生产方式的改善和企业文化的演变结合起来。

传统企业向精益化生产方向转变，不是单纯地采用相应的“看板”工具及先进的生产管理技术就可以完成，而必须使全体员工的理念发生改变。精益化生产之所以产生于日本，而不是诞生在美国，其原因也正因为两国的企业文化有相当大的不同。

5. 全面推广

精益生产利用各种工业工程技术来消除浪费，着眼于整个生产流程，而不只是个别或几个工序。所以，样板线的成功要推广到整个企业，使操作工序缩短，推动式生产系统被以顾客为导向的拉动式生产系统所替代。

总而言之，精益生产是一个永无止境的精益求精的过程，它致力于改进生产流程和流程中的每一道工序，尽最大可能消除价值链中一切不能增加价值的活动，提高劳动利用率，消灭浪费，按照顾客订单生产的同时也最大限度地降低库存。

由传统企业向精益企业的转变不可能一蹴而就，需要付出一定的代价，并且有时候还可能出现意想不到的问题。但是，企业只要坚定不移走精益之路，大多数在6个月内，有的甚至还不到3个月，就可以收回全部改造成本，并且享受精益生产带来的好处。

12.4 并行工程

12.4.1 并行工程的概念和功能

1. 并行工程概念

1988年美国国家防御分析研究所完整地提出了并行工程的概念，也称同步工程、并行设计和同时工程，是相对传统的“串行工程”而言的，它是指产品的设计和制造及其相关过程的多项任务同时交叉进行，在设计阶段同步地实现设计于产品生产同期有关的过程，要求产品开发者在设计阶段就考虑到包括设计、工艺、制造、装配、检验、维护、可靠性、成本和质量等在内的产品生命周期中的所有因素。

并行工程要求产品开发人员在设计一开始就考虑整个生命周期中从概念形成到产品报废处理的所有因素，包括质量、成本、进度计划和用户要求。采用并行工程的制造系统称为并行工程系统。

2. 并行工程的特点

（1）并行特性（时序特性）：是把原先在时间上有先有后的知识处理和作业实施转变为同时考虑和尽可能的同时处理或并行处理。这表明并行工程比串行工程缩短了产品研制生产周期。这里需要说明的是，串行和并行中各个阶段所占时间可能有所不同，一般而言，并行工程前期阶段的时间可能会相对拉长，后期阶段的时间可能会相对缩短，但由于并行工程中下游阶段的工作提前并行考虑，整个产品研制生产周期会缩短。

（2）整体特性：产品研制开发过程是一个有机整体，在空间中似乎相互独立的各个研制作业和知识处理单元之间，实质上都存在着不可分割的内在联系，特别是有丰富的双向信息联系。强调全局性地考虑问题，即产品研制者从一开始就考虑到产品整个寿命周期中的所有因素。追求整体最优，有时为了保证整体最优，甚至可能不得不牺牲局部利益。

（3）协同特性：强调人们的群体协同工作，这是因为现代产品的特性已越来越复杂，产品开发过程涉及的学科门类和专业人员越来越多，如何取得产品开发过程的整体最优，是并行工程追求的目标，其中关键是如何很好地发挥人们的群体作用。为此，并行工程强调以下几点：有效的组织模式；强调一体化、并行地进行产品及其有关过程的设计；强调协同效率。

（4）集成特性：并行工程作为一种系统工程方法，其集成特性主要包括：

①改进组织结构，实现人员集成。并行工程所普遍采用的是一种多学科、多功能小组形式，也称之为团队组织结构，这是一种扁平型的组织结构，它将同产品（项目）全寿命周期有关的各种专业、各个功能部门的有关人员集中在一个以产品为中心的共同目标之下，组成统一的产品开发团队综合产品小组。这种组织形式打破了专业和部门之间的壁垒，使项目的信息传递主要在团队内部进行，从而既加快了传递节奏，更减少了传递中的摩擦，使团队能更好地协同工作。

②并行操作处理，实现功能集成。并行工程运行中的“并行”要求各个工程阶段相互搭接进行，即提前考虑下游工程阶段的有关研究和工作内容。同时要求职能部门各项功能的履行也并行交叉进行。例如设计阶段采购部门就开始进行料源分析，工艺设计时质检部门开始考虑工序检验和最终检验的可行性等。这样就可使有关信息及时反馈，及时修改有关设计，从而减少大工程行为的反复。

③先进的开发工具、方法和技术，实现信息集成。科学技术的不断进步和竞争的日趋激烈，在产品研制过程中越来越多地使用先进的开发技术和工具，例如较普遍地使用了计算机辅助系统（CAD/CAM/CIMS）以及计算机网络系统。多种先进的设计开发方法，也都借助于计算机系统来实现。并行工程的并行操作和信息集成特性对此提出了更高的要求，它期望在计算机辅助系统和网络系统的基础上实现各专业、各功能的多工作站并行运行，并实现无纸化设计，从而达到信息资源共享，过程中间信息快速顺畅传递和反馈。

3. 并行工程的功能

（1）大大缩短了产品从开发到投入市场的时间，提高了产品进入市场的速度；

（2）提高了产品的质量，增强了企业的竞争力；

（3）降低了产品的成本；

（4）能迅速了解市场信息，确保用户满意。

12.4.2 并行工程目标和实施步骤

1. 并行工程的目标

并行工程是一种新型的企业组织经营管理思想，其目标为：

（1）提高整个制造过程，包括设计、工艺、制造和服务的质量。

（2）降低产品生命周期费用，包括产品设计、制造、销售、服务、用户使用直到产品报废的全部费用。

（3）缩短产品研究开发周期（包括减少设计反复，减少制造中各环节的时间）。

2. 并行工程的实施步骤

（1）建立并行工程的开发环境。并行工程环境使参与产品开发的每个人都能瞬时地相互交换信息，以克服由于地域、组织不同，产品的复杂化，缺乏互换性的工具等因素造成的各种问题。在开发过程中应以具有柔性和弹性的方法，针对不同的产品开发对象，采用不同的并行工程手法，逐步调整开发环境。并行工程的开发环境主要包括以下几个方面。

①统一的产品模型，保证产品信息的唯一性，并必须有统一的企业知识库，使小组人员能以同一种“语言”进行协同工作。

②一套高性能的计算机网络，小组人员能在各自的工作站或微机上进行仿真，或利用各自的系统。

③一个交互式、良好用户界面的系统集成，有统一的数据库和知

识库，使小组人员能同时以不同的角度参与或解决各自设计问题。

(2) 成立并行工程的开发组织机构。开发组织有三个层次构成，最高层由各功能部门负责人和项目经理组成，管理开发经费、进程和计划；第二层是由主要功能部门经理、功能小组代表构成，定期举行例会；第三层是作业层，由各功能小组构成。

(3) 选择开发工具及信息交流方法。选择一套合适的产品数据管理（PDM）系统，PDM 是集数据管理能力、网络的通信能力与过程控制能力于一体的过程数据管理技术的集成，能够跟踪保存和管理产品设计过程。PDM 系统是实现并行工程的基础平台。它将所有与产品有关的信息和过程集成在一体，将有效地从概念设计、计算分析、详细设计、工艺流程设计、制造、销售、维修直至产品报废的整个生命周期相关的数据，予以定义、组织和管理，使产品数据在整个产品生命周期内保持最新、一致、共享及安全。PDM 系统应该具有电子仓库、过程和过程控制、配置管理、查看和圈阅、扫描和成像、设计检索和零件库、项目管理、电子协作、工具和集成件等。产品数据管理系统对产品开发过程的全面管理，能够保证参与并行工程协同开发小组人员间的协调活动能正常进行。

(4) 确立并行工程的开发实施方案。首先把产品设计工作过程细分为不同的阶段；其次当出现多个阶段的工作所需要的资源不可共享时，可以采用并行工程方法；最后，后续阶段的工作必须依赖于前阶段的工作结果作为输入条件时，可以先对前阶段工作做出假设，二者才可并行。其间必须插入中间协调，并用中间的结果作验证，其验证的结果与假定的背离是后续阶段工作调整的依据。

12.5 敏捷制造

12.5.1 敏捷制造的产生与概念

1. 敏捷制造的产生

敏捷制造是由美国通用汽车公司和里海大学的雅柯卡研究所联合研究，于 1988 年首次提出来的。1990 年向社会公开以后立即受到世界各国的重视，1992 年美国政府将这种全新的制造模式作为 21 世纪制造企业的战略。

进入20世纪90年代，当丰田生产方式在美国产生了明显的效益之后，美国人认识到只降低成本、提高质量不能保证赢得竞争，还必须缩短产品开发周期，加速产品的更新换代。当时美国汽车更新换代的速度已经比日本慢了一倍以上，因此速度问题成为美国制造商们关注的重心，"敏捷"从字面上看，正是表明要用灵活的应变去对付快速变化的市场需求。于是，敏捷制造这种新型模式，成为美国21世纪制造企业的战略。

2. 敏捷制造的概念

美国机械工程师学会（ASME）主办的《机械工程》杂志1994年期刊中，对敏捷制造做了如下定义：敏捷制造就是指制造系统在满足低成本和高质量的同时，对变幻莫测的市场需求的快速反应。

敏捷制造的企业，其敏捷能力表现在以下四个方面：

①反应能力，判断和预见市场变化并对其快速地做出反应的能力；

②竞争力，企业获得一定生产力、效率和有效参与竞争所需的技能；

③柔性，以同样的设备与人员生产不同产品或实现不同目标的能力；

④快速，以最短的时间执行任务（如产品开发、制造、供货等）的能力。

同时，这种敏捷性应当体现在不同的层次上：企业策略上的敏捷性，企业针对竞争规则及手段的变化、新的竞争对手的出现、国家政策法规的变化、社会形态的变化等做出快速反应的能力；企业日常运行的敏捷性，企业对影响其日常运行的各种变化，如用户对产品规格、配置及售后服务要求的变化，用户定货量和供货时间的变化，原料供货出现问题、设备出现故障等做出快速反应的能力。

12.5.2 敏捷制造的基本特征

敏捷制造强调企业能够快速响应市场的变化，根据市场需求，能够在最短时间内开发制造出满足市场需求的高质量的产品。因此，敏捷制造具有如下特征：

（1）敏捷制造是信息时代最有竞争力的生产模式。它在全球化的市场竞争中能以最短的交货期、最经济的方式，按用户需求生产出用户满意的具有竞争力的产品。

（2）敏捷制造具有灵活的动态组织机构。它能以最快的速度把企业内部和企业外部不同企业的优势力量集中在一起，形成具有快速响应能力的动态联盟。因为在企业内部它将多级管理模式变为扁平结构的管理方式，把更多的决策权下放到项目组；在企业外部，它重视企业之间的协作，通过高速网络通信能充分调动、利用分布在世界各地的各种资源，所以能保证迅速、经济地生产出有竞争力的产品。

(3) 敏捷制造采用了先进制造技术。敏捷制造一方面要“快”，另一方面要“准”，其核心就在于快速地生产出用户满意的产品。因此，敏捷制造必须在其各个制造环节都采用各种先进的制造技术，例如产品设计，如果采用传统的人工设计方法，不但做不到“快”，也很难做到“准”，所以就要采用“计算机辅助工程设计”“并行工程”，甚至“虚拟产品开发”等先进技术，只有在设计阶段就考虑到下游的制造、装配、使用、维修，才能做到一次成功。还应采用其他先进制造技术，例如柔性制造、计算机辅助管理、企业经营过程重构、计算机辅助质量保证、产品数据管理以及产品数据交换标准等。

(4) 敏捷制造必须建立开放的基础结构。因为敏捷制造要把世界范围内的优势力量集成在一起，所以敏捷制造企业必须采取开放结构，只有这样，才能把企业的生产经营活动与市场和合作伙伴紧密联系起来，使企业能在一体化的电子商业环境中生存。

(5) 敏捷制造适用范围较广。它主要通过敏捷化企业组织、并行工程环境、全球计算机网络或国家信息基础设施，在全球范围内实现企业间的动态联盟和拟实制造，使全球化生产体系或企业群能迅速开发出新产品，响应市场，赢得竞争。敏捷制造的关键技术包括：敏捷虚拟企业的组织及管理技术、敏捷化产品设计和企业活动的并行运作、基于模型与仿真的拟实制造、可重组/可重用的制造技术、敏捷制造计划与控制、智能闭环加工过程控制、企业间的集成技术、全球化企业网、敏捷后勤与供应链等。

12.5.3 实现敏捷制造的措施

企业实现敏捷制造可以增强其应变能力和竞争力。通过以下八种措施可以有效地实现敏捷制造：

(1) 把继续教育放在实现敏捷制造的首位，高度重视并尽可能创造条件使员工能获取新信息和知识。未来的竞争，归根结底是人才的竞争，是人才所掌握的知识和创造力的竞争。企业的员工知识面广、视野宽，才有可能不断产生战胜竞争对手的新思想。

(2) 虚拟企业的组成和工作。从竞争走向合作，从互相保密走向信息交流，实际上会给企业带来更大利益。实施敏捷制造的基础是全国乃至全球的通信网络，在网上了解到有专长的合作伙伴，在网络通信中确定合作关系，又通过网络用并行工程的做法实现最快速和高质量的新产品开发。

（3）计算机技术和人工智能技术的广泛应用。未来制造业中强调人的作用，并不是贬低技术所起的作用。计算机辅助设计、辅助制造、计算机仿真与建模分析技术，都应在敏捷企业中加以应用。另外，还要提到“团件”（group ware），这是近来研究比较多的一种计算机支持协同工作的软件，强调作为分布式群决策软件系统，它可以支持两个以上用户以紧密方式共同完成一项任务。人工智能在生产和经营过程中的应用，是另一个重要的先进技术的标志。从底层原始数据检测和收集的传感器，到过程控制的机理以至辅助决策的知识库，都需要应用人工智能技术。

（4）方法论的指导。就是在实现某一目标，完成某一项大工程时，所需要使用的一整套方法的集合，实现企业的整体集成，是一项十分复杂的任务。对每一时期每一项具体任务，都应该有明确的规定和指导方法，这些方法的集合就叫“集成方法论”。这样的方法论能帮助人们少走弯路，避免损失。这种效益，比一台新设备，一个新软件所能产生的有形的经济效益，要大得多，重要得多。

（5）环境美化的工作。环境美化不仅仅指企业范围内的绿化，更主要是对废弃物的处理，有专门的组织主动地、积极地开展对废物的利用或妥善的销毁。

（6）绩效测量与评价。传统的企业评价总是着眼于可计量的经济效益，而对生产活动的评价，则看一些具体的技术指标。这种方法基本上属于短期行为的做法。对于敏捷制造、系统集成所提出的战略考虑，如缩短提前期对竞争能力有多少好处？如何度量企业柔性？企业对产品变异的适应能力会导致怎样的经济效益？如何检测员工和工作小组的技能？技能标准对企业柔性又会有什么影响……这一系列问题都是在新形势、新环境下提出来需要解决的。

（7）标准和法规的作用。目前产品和生产过程的各种标准还不统一，而未来的制造业的产品变异又非常突出，如果没有标准，不论对国家、对企业、对企业间的合作、对用户都非常不利。因此必须要强化标准化组织，使其工作能不断跟上环境和市场的改变，各种标准能及时演进。现行法规也应该随着国际市场和竞争环境的变化而演进，其中包括政府贷款、技术政策、反垄断法规、税法、税率、进出口法和国际贸易协定等。

（8）组织实践。外部形势要求变，内部条件也可以变，这时的关键就在于领导能否下决心组织变革，引进新技术，实现组织改革，实现放权，进行与其他企业的新形式的合作。现在不仅要求富于革新精神和善于根据敏捷制造的概念进行变革的个人，更需要而且是必然需要这样的小组，才能推动企业的变革。

12.6 计算机集成制造系统

12.6.1 CIMS 的产生及定义

计算机集成制造系统（CIMS），是 1973 年美国的约瑟夫·哈林顿博士在《计算机集成制造》一书中首次提出的。当时，他提出了两个基本观点：

（1）企业生产的各个环节，包括市场分析、产品设计、加工制造、经营管理以至售后服务等全部经营活动，是一个不可分割的整体，要紧密连接，统一考虑。

（2）整个经营过程实质上是一个数据的采集、传递和加工处理的过程，其最终形成的产品可以看作是数据的物质表现。因此，企业作为一个统一的整体，必须从系统的观点、全局的观点出发，广泛采用计算机等高新技术，加速信息的采集、传递和加工处理过程，提高工作效率和质量，从而提高企业的总体水平。计算机集成制造是一种理念，其实质就是用信息技术对制造系统进行全局优化。这是一种先进的理念，其内涵是借助于以计算机为核心的信息技术，将企业中各种与制造有关的技术系统集成起来，使企业得到整体优化，从而提高企业适应市场竞争的能力，CIMS 已代表了当今工厂综合自动化的最高水平。

从 CIMS 概念的提出到现在，已从美国等发达国家传播到发展中国家，已从典型的离散型机械制造业扩展到化工、冶金等连续或半连续制造业。CIMS 概念已被越来越多的人所接受，成为指导工厂自动化的思想，有越来越多的工厂按 CIMS 思想，采用计算机技术实现信息集成，建成了不同水平的计算机集成制造系统。

CIMS 是自动化程度不同的多个子系统的集成。随着科学的发展和技术的进步，制造业中的计算机应用水平在迅速提高，出现了多种不同的自动化系统，如管理信息系统（MIS）、制造资源计划（MRPⅡ）系统、计算机辅助设计（CAD）系统、计算机辅助工艺设计（CAPP）系统、计算机辅助制造（CAM）系统、柔性制造系统（FMS），以及数控机床（NC，CNC）、机器人等。CIMS 正是在这些自动化系统的基础上发展起来的，它根据企业的需求和经济实力，把各种自动化系统通过计算机实现信息集成和功能集成。当然，这些子系统也使用了不同类型的计算机，有的子系统本身也是集成的，如 MIS 实现了多种管理功能的集成，FMS 实现了加工设备和物料输送设备的集成等。但这种集成是在较小的局部，而 CIMS 是针对整个企业的集成。

12.6.2 CIMS 的体系结构

CIMS 一般由四个功能分系统和两个支撑分系统构成，四个功能分系统分别是：

（1）管理信息系统。其是以制造资源计划 MRPII 为核心，包括预测、经营决策、各级生产计划、生产技术准备、销售、供应、财务、成本、设备、工具和人力资源等管理信息功能，通过信息集成，达到缩短产品生产周期、降低流动资金占用，提高企业应变能力的目的。

（2）产品设计与制造工程设计自动化系统。其是用计算机辅助产品设计、制造准备以及产品性能测试等阶段的工作，通常称为 CAD/CAPP/CAM 系统。它可以使产品开发工作高效、优质地进行。

（3）制造自动化（柔性制造）系统。其是在计算的控制与调度下，按照 NC 代码将毛坯加工成合格的零件并装配成部件或产品。制造自动化系统的主要组成部分有：加工中心、数控机床、运输小车、立体仓库及计算机控制管理系统等。

（4）质量保证系统。其是通过采集、存储、评价与处理存在于设计、制造过程中与质量有关的大量数据，从而提高产品的质量。

两个支撑系统分别是：

（1）网络系统。其是支持 CIMS 各个系统的开放型网络通信系统，采用国际标准和工业标准规定的网络协议（如 MAP，TCP/IP）等，可实现异种机互联和多种网络的互联，满足各应用系统对网络支持服务的不同需求，支持资源共享、分布处理、分布数据库、分成递阶和实时控制。

（2）数据库系统。其是支持 CIMS 各分系统，覆盖企业全部信息，以实现企业的数据共享和信息集成。通常采用集中与分布相结合的三层体系控制结构——主数据管理系统、分布数据管理系统、数据控制系统，以保证数据的安全性、一致性、易维护性等。

12.6.3 CIMS 的发展

计算机是 CIMS 的物质基础和技术支柱，1945 年第一台计算机问世以来，对制造业而言，就产品开发、制造和经营管理三大主要活动领域，其单项独立应用已达到很高的水平。在产品制造方面，1954 年研制出第一台数控机床，为 CIMS 奠定了基础，为柔性自动化提供了条件。1967 年建成了第一套柔性制造系统，解决了柔性和生产率相互矛盾的问题，提供了工业生产全面现代化的条件。在产品开发设计方面，20 世纪 50 年代中后期诞生了 CAD，近年来又开发出了通用集成化的现代 CAD，并向 CIMS 系统集成化方向迅速发展。企业经营管理方面，1954 年计算机进入管理业务领域，从信息流的管理上升到物料流的管理，产生了一个新的飞跃，其代表是 MRPⅡ。上述各项技术，基本上只是单独地使用于制造业的各个局部环节。在科技的发展和市场需求变化的共同推动下，经许多专家和学者分析研究认为，把前述各项技术加以有机的集成，综合地应用起来，可以获得整体的最佳效益。这就产生了一种崭新的，标志着新的一次制造技术变革的组织和管理生产的思想和方法，即计算机集成制造（computer integrated manufacturing，CIM），具体的体现是 CIMS，而开始得到重视并大规模实施则是在十年之后。其根源是美国 20 世纪 70 年代的产业政策发生偏差，过分夸大了第三产业的作用，而将制造业，特别是传统产业，贬低为夕阳工业。这导致美国制造业优势的衰退，并在 20 世纪 80 年代初开始的世界性石油危机中暴露无遗。此时，美国才开始重视制造业，并决心用其信息技术的优势夺回制造业的霸主地位，并且认为 CIMS 是最优的选择。

12.7 大规模定制

12.7.1 大规模定制的产生

近年来，随着物质的极大丰富，长期卖方市场已彻底转换成买方市场。企业迫切需要随时捕获客户的需求，融进更多的定制，直到使每个客户买到自己满意的商品或服务。

许多企业曾试图用增加产品品种来代替顾客的定制要求，在迅速分化的市场面前，努力维持大规模生产的状况。但是，这显然不能满足顾客挑剔的要求，品种的多样化并不等于定制——多样化是指企业先生产出产品，将它们存入成品库，然后等待它们的客户出现，定制则是指应特定客户的要求而生产产品。

大规模定制模式是指对定制的产品和服务进行个别的大规模生产。大规模定制是企业经营中的必然趋势，它能在不牺牲企业经济效益的前提下，了解并满足单个客户的需求，其实质是以大规模的生产方式和速度，为单个客户或小批量多品种的市场定制生产任意数量的产品。

大规模定制模式的实现需要完成以下几个方面的工作：首先分析量化和尽量降低产品多样化的成本，对产品线进行合理化，削减低利润产品的生产，以极大地提高利润，充分利用宝贵资源，提高生产的柔性程度，促进大规模定制产品的开发；其次通过对零件、工艺、工具和原材料进行标准化，作为实施大规模定制的前提条件，降低产品成本，提高加工柔性；再次实行敏捷制造，在无须生产准备时间和库存的条件下，根据订单进行产品的快速生产，实行敏捷产品开发过程，以实现产品的超速上市；最后并行地设计产品族和柔性的制造工艺，围绕模块化的结构、通用的零件、通用的模块、标准化的接口和标准的工艺进行敏捷的产品设计。

大规模定制通过柔性的或敏捷的制造，以任意的批量生产多样化的产品，且无须为了改变生产系统的设置而将生产停顿。在相同的设备能力下，当设备运转时，进行大规模定制的工厂，其生产效率要比进行大规模生产的工厂高得多。

产品的设计完成之后，很难再通过其他措施来削减成本，所以必须在产品和生产工艺的设计阶段确定成本，否则，降低的成本甚至不足以补偿实施这类措施本身所需的费用。在典型的企业成本统计中，只记录了材料和人工成本，其他成本称为间接成本而分摊到企业的所有活动中。然后，各种产品不具有同样的间接成本需求，可以通过设计来降低很多间接成本。大规模定制可利用先进的设计技术，设计出需要最少的人工和材料成本的产品，用最低的间接成本有效地生产产品。

12.7.2 大规模定制生产的模式

大规模定制生产模式可以概括为以下三个方面：

1. 产品设计模块化

企业依赖产品创新和技术创新夺取市场，企业的产品是否能根据用户的当前需要和潜在需求快速抢先提供，将成为企业成败的关键。产品结构和功能的模块化、通用化和标准化，是企业推陈出新、快速更新产品的基础。模块化产品便于按不同要求快速重组，任何产品的更新换代，绝不是将原有的产品全部推翻重新设计和制造的。更新一个模块，在主要功能模块中融入新技术，都能使产品登上一个新台阶，甚至成为换代产品，而多数模块是不需要重新设计和重新制造的。因此，在敏捷制造中，模块化产品的发展已成为制造企业所普遍重视的课题。例如，福特汽车公司的发动机总部将6缸、8缸、10缸、12缸等不同规格的发动机结构进行了模块化，使其绝大部分组件都能相互通用，以尽可能少的规格部件实现最大的灵活组合，并能用同一条生产线制造不同规格的发动机，取得了巨大的经济效益。波音公司在民用飞机的设计和制造中也采用了模块化方法，大大缩短了定制飞机的制造周期。

2. 产品制造专业化

在一般机械类产品中，有70%的功能部件间存在着结构和功能的相似性，如果打破行业界线，将相似功能的部件和零件分类和集中起来，完全有可能形成足以组织大批量生产的专业化企业的生产批量，这些专业化制造企业承接主干企业开发产品中各种相似部件、零件的制造任务，并能在成组技术的基础上采用大批量生产模式进行生产。当然，在现代制造技术的支持下，这种大批量生产模式已克服了传统的刚性自动线的缺点，具备一定范围内的柔性（可调性或可重构性）来完成较大批量的相似件制造，协助主干企业用大批量生产方式快速提供个性化商品的目标。

3. 生产组织和管理网络化

网络的普及和应用，给企业提供了快速组成虚拟公司进行敏捷制造新产品的条件。负责开发新产品的主干企业可以利用网络发布自己产品的结构和寻找合作伙伴的各项条件，专业化制造企业可以在网上发布自己的条件和进行合作的意图。主干企业将据此寻找合伙者，本着风险共担和达到“双赢”的战略目标进行企业大联合来合作开发和生产新产品。这样的联合是动态的，组成的虚拟公司是“有限生命公司”，它只是为某种产品而结盟，其生命周期将随产品生命周期的结束而解散，或在另一种产品的基础上调整成新的联合。

通过网络，系统构建虚拟企业，可实现产品开发、设计、制造、装配、销售和服务的全过程，通过社会供应链管理系统将合作企业连接起来，按大规模定制生产模式实行有效的控制与管理。

12.7.3　大规模定制形式下企业间的合作关系

在传统的供求关系管理模式下，制造商与供应商之间只保持一般的合同关系，供应链只是制造企业中的一个内部过程，将通过合同采购的原材料和零部件进行生产，转换成产品并销售至用户，整个过程均局限于企业内部操作。制造商为了减少对供应商的依赖，彼此间经常讨价还价，这种管理模式下的特征是信任度和协作度低，合作期短。但大规模定制生产是以新产品开发，企业与专业化制造企业间的有效合作、互相依存为前提的，构成的网络化虚拟公司的主干企业与伙伴企业间应是能达到“双赢”的合作关系，其合作关系如下：

主干企业与伙伴企业间应共享信息，通过委托代理经常协调彼此的行为；主干企业必要时应对伙伴企业做技术支持和投资帮助，使合伙企业降低成本，改进质量，加快产品开发；在合作过程中建立相互的信任关系，提高运行效率，减少交易、管理成本；对于通用化、标准化程度高的产品模块，应尽量保持一种能持久的关系，确保产品质量稳定；对于个性化产品的关键模块和零部件，主干企业可吸收伙伴企业参与开发和共同创新，建立战略合作关系，加快新产品的开发过程。

总之，在信息时代，大规模定制生产将是制造业的重要生产模式，成组技术将能发挥更大的作用。

本章小结

本章首先对现代企业运营环境和现状进行了说明和介绍，在此基础上介绍了准时化生产原则和内容，对现在流行的精益生产的原则、看板管理和实施内容详细介绍；现在很多生产采取了并行工程，在本章介绍并行过程特点、功能和实施步骤；在本章中还介绍了敏捷制造及特征、计算机集成制造系统的特点和发展、大规模制造模式和企业间的关系等内容。让学习者对现在的生产运营模式有大概的了解。

本章关键术语

准时化、生产方式、精益生产、并行工程、敏捷制造、计算机集成制造系统、大规模定制。

复习与思考

1. 现代企业面临的生产环境有什么变化?
2. 现代企业生产运作管理的特征有哪些?
3. 准时化生产的特点有哪些?
4. 精益生产的特征是什么?
5. 并行工程的特点?
6. 敏捷制造的特征?
7. 实现敏捷制造的措施有哪些?
8. 大规模定制生产模式有哪些?

参考文献

[1] 陈荣秋、马士华:《生产运作管理》(第4版),机械工业出版社2013年版。

[2] 刘晓冰:《运营管理》,清华大学出版社2013年版。

[3] 张建民、吴奇志、林丽:《现代企业生产运营管理》,机械工业出版社2013年版。

[4] 任建标:《生产与运作管理》,电子工业出版社2006年版。

[5] 范爱民:《精细化管理》,中国纺织出版社2005年版。

[6] 胡菊:《细节管理》,中国商业出版社2005年版。

[7] 吴志奇、赵璋:《运营管理》,中国人民大学出版社2016年版。

[8] 许志玲:《如何进行精益生产》,北京大学出版社2005年版。

[9] 马士华、林勇:《供应链管理》(第4版),机械工业出版社2014年版。

[10] 马风才:《运营管理》,机械工业出版社2019年版。

[11] 吴群:《物流与供应链管理》,北京大学出版社2015年版。

[12] 冯耕中、刘伟华:《物流与供应链管理》(第2版),中国人民大学出版社2014年版。

[13] 何庆斌:《仓储与配送管理》,复旦大学出版社2011年版。

[14] 何桢:《六西格玛管理》(第3版),中国人民大学出版社2014年版。

[15] 苏秦:《质量管理》(第2版)中国人民大学出版社2019年版。

[16] 韩之俊:《质量管理》(第3版),科学出版社2011年版。

[17] 廖永平:《简明质量工具与方法》,中国科学技术出版社2012年版。